슬기로운
사모생활

슬기로운 사모생활

삼대째 뼛속까지 사모 임애린의 목회 40년

초판 1쇄 인쇄 | 2020년 08월 17일
초판 1쇄 발행 | 2020년 08월 24일

지은이 | 임애린
발행인 | 강영란
편집 | 강혜미, 권지연
디자인 | 트리니티
마케팅 및 경영지원 | 이진호

펴낸곳 | 샘솟는기쁨
주소 | 서울시 충무로 3가 59-9 예림빌딩 402호
전화 | 대표 (02)517-2045
팩스 | (02)517-5125(주문)
이메일 | atfeel@hanmail.net

홈페이지 | https//blog.naver.com/feelwithcom
페이스북 | https//www.facebook.com/publisherjoy
출판등록 | 2006년 7월 8일

ISBN 979-11-89303-31-0(03200)

이 도서의 국립중앙도서관 출판예정도서목록(CIP)은
서지정보유통지원시스템 홈페이지(http://seoji.nl.go.kr)와
국가자료종합목록 구축시스템(http://kolis-net.nl.go.kr)에서
이용하실 수 있습니다. (CIP제어번호 : CIP2020034051)

삼 대 째 뼛 속 까 지 사 모 임 애 린 의 목 회 4 0 년

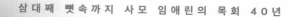

임애린 지음

슬기로운
사모생활

사모가 어떻게 그래요?
세밀하게 들려주시는 하나님의 반어법,
내 발걸음이 기도 응답이었습니다!

샘솟는
기쁨

추 천 사

사랑의 울림, 기도와 눈물의 현장

이상진 목사

시드니 소망교회 담임, 시드니신학대학 한국어학부 부학장, 시드니 한인교회 (전)교역자 협의회장

호주의 한인 이민 역사도 반세기를 훨씬 넘어서 있다. 임애린 사모님은 호주 한인 이민 역사의 초기 1980년대 중반, 남편 임천일 목사님과 함께 호주의 수도 캔버라에 최초의 한인 교회를 세웠고, 시드니에서도 교회를 개척하는 등 20년이 넘게 이민 목회를 감당했다.

이민 목회는 열악한 환경 속에서 이뤄진다. 성도들에게 존중받으며 목회하는 것도 아니고, 열심히 뛴다고 성장하는 것도 아니다. 무한한 인내심으로 섬겨야 하는 것이 이민 목회다. 단 한 사람의 이민자나 유학생을 위해 공항 픽업, 집 구하기, 시장 보기, 은행 계좌 열기, 자녀의 학교 입학 등 수많은 일을 도와야 하는 자기희생 없이 감당할 수 없다.

사모님은 결혼 전 '아무리 분에 넘치게 조건이 좋은 사람이라도 목사가 될 사람이 아니면 눈에 들어오지 않았다'고 했다. 이 또한 하나님의 인도하심이라고 믿는다. 목회의 길, 그것도 척박한 이민 목회의 현실을 알고 있었더라면 쉽게 들어서지 못했을 길이다. 사랑의 헌신이 아니고서는 '숨이 턱턱 막히도록 힘든 길'이기에 하나님께서 이 자리를 위해 지순한 믿음의 사모님을 예비하시고, 다른 길을 걷지 않게 하셨다.

그동안 두 손으로, 두 발로, 찬양의 목소리로, 또 문학가로 교회를 사랑하며 섬기신 사모님이 이번에는 목회 현장의 생생한 글을 책으로 펴내셨다. 오직 기도와 눈물로 평생을 주님께 바친 삶의 진액이 담겨 있다. 모든 분에게, 특히 주님만 바라보며 뒤에서 헌신하시는 사모님들과 목회자들에게 큰 울림이 있을 것을 확신하며 이 책을 추천한다.

'아름다운 봄꿈'이었다고 고백하다니!

김정선 교수

실천신학대학원대학교 목회상담학

저자는 목회자 사모이면서 두 편의 소설을 출간한 작가다. 한없는 희생과 자기부인이 요구되는 사모의 역할과 예민한 감수성과 날카로운 자의식이 요구되는 소설가의 삶을 균형 잡는 것만으로도 버거웠을 것이다. 하지만 저자는 '불뱀과 전갈이 우글거리는 죽음의 광야에서 씩씩하게 살아남았다', '하나님은 정말 모든 것을 합력하여 선을 이루어 가셨다'고 기가 막힌 고백을 한다.

이런 특별한 순간들을 특유의 진솔함과 따뜻함으로 길어 올려 엮어 낸 이 책에는 인생을 살아가는 보석 같은 지혜가 영롱하게 빛나고 있다. 저자는 마치 한바탕 봄꿈 같은 인생이 아름다운 소풍이라고 선언하는 듯하다. 이 글을 읽는 모두가 이러한 지혜를 얻을 수 있기를 바란다.

다시 그 자리에서 찬양하다

황분득 사모
종교교회, 사모의 전화 직전 회장

저자 임애린 사모는 다른 사람이 갖지 못한 많은 것을 가지고 있다. 성악을 전공할 만큼 찬양을 잘하고, 여러 권의 작가이다. 이런 재능은 친정어머니에게 물려받은 유산이 아닌가 싶다.

외할머니와 어머니를 이어 3대째 목사 사모인 저자를 보면 바울 사도의 동역자였던 디모데를 떠올리게 한다. 한국 교회 사모들의 애환을 상담하고 돕기 위해 창립된 〈사모의 전화〉에서 같이 봉사하며 삶으로 익힌 경험을 나누고 섬길 수 있었던 것은 우리에게 소중한 시간이었고 귀한 자산이었다.

또한 그의 남편 임 목사님은 내 남편과 대학 동기동창이며, 한때 같은 교회 부목사로서 사역을 함께한 가까운 친구이다. 호주에서 20여 년간 이민 목회를 한 후 한국에서 12년을 목회에 매진하고 조금 이른 은퇴를 했다. 지금은 지상의 마지막 낙원이라 불리는 호주 자연 속에서 쉼을 누리고 있다.

오래전 부르심의 자리에서 아프고 힘들었던 일들을 성찰하게 되면서 이렇게 속 깊은 이야기를 내놓을 수 있었으리라. 저자의 고백들은 내게 큰 공감을 불러일으킨다.

아직도 교회 사모를 위한 교육이 제대로 이루어지지 않고, 교회 안의 위치와 역할이 적절하게 규정되지 않은 것이 오늘날 사모의 현실이다. 사모는 교회의 직책이 아닌 호칭으로 교회 안에서 살고 있다. 늘 어정쩡한 위치와 역할, 그 사이에서 정체성의 혼란을 겪는 사모님들이 의외로 많았을 것이라고 생각한다.

이 책이 후배 사모님들에게 "내가 고민하는 것인데…."라고 공감하면 좋겠다. 교회 사모인 나의 두 딸에게도 이 책을 추천한다.

하나님과 함께 걷는 나의 길

김기철 교수
배재대학교, 한국 목회상담협회 사무총장, 한국영성노년학연구소 소장

폴 트루니에는 외부로부터 부과된 역할에 갇혀 참 자아를 잃어버린 사람을 두고 '역할의 노예'라고 불렀다. 우리는 모두 '역할'이라는 '가면'을 쓰고 살아가는데, 그렇게 가면에 가려지는 참 자아는 그늘에서 시들어가며 신음하게 된다. 이로 인해 영혼이 아파지고 서서히 마비될 수 있다.

교회에서 부과하고 기대하는 '사모의 역할'은 사모를 '역할'에 매몰되게 만들기 쉽고, 한국 목회 환경 속에서는 이 노예됨에서 벗어나기가 쉽지 않아 보인다. 이럴 때 우리에게는 영적 고독이 필요하다.

하나님 앞에서 가면을 벗고 하나님과 함께 자신을 살피는 연습을 통해 자신의 참 자아를 인식할 때, 자신에게 부과된 역할에 매몰되지는 않을 것이다. 참 자아를 추구하는 여정에서 하나님과의 관계가 더 깊어지고 소명이 더 선명해질 수 있다.

저자는 역할에 가려져 신음하는 자신을 하나님 앞에서, 하나님과 함께, 하나님의 눈으로 바라본 경험을 독자와 나누고 있다. 저자의 영적 여정 이야기는 영적 성장의 길로 독자들을 안내할 것이다.

사모가 사모에게, 성도가 목사에게

이강학 교수
햇불트리니티신학대학원대학교 기독교영성학

성도들의 영성에 큰 영향을 미치는 것은 교회 공동체이고, 교회 공동체의 영성에 큰 영향을 미치는 존재는 목사이며, 목사의 영성에 큰 영향을 미치는 존재는 사모이다.

임애린 사모의 『슬기로운 사모생활』은 사모라는 존재의 삶과 영성을 잘 들여다볼 수 있는 창문이다. 우선 사모의 정체성에 대해 궁금해 하는 사모들에게 이 책을 권한다. 위로가 되고 공감을 받으며 사모로서의 정체성이 명확해지는 경험을 하게 될 것이다.

그리고 가장 가까이에서 함께하기에 사모를 잘 안다고 생각하지만 사실은 잘 모르고 있는 목사들에게 이 책을 권한다. 남편인 목사들에게도 말할 수 없는 사모들의 깊은 고민과 기도 제목을 이해하고 공감하며, 진정한 동반자로서 함께 목회의 길을 걷게 될 것이다.

마지막으로 사모의 현존이 목사와 교회 공동체의 영성에 미치는 선한 영향력에 대한 이해가 부족하거나 사모들과 좋은 관계를 만들어 가고 싶은 성도들에게 이 책을 권한다. 사모들을 위해 기도하고 싶어지고 자신의 삶을 편안하게 나누고 싶어질 것이다.

사모는 교회 공동체 구성원들에게 좋은 영혼의 친구가 되어줄 수 있다. 기도어린 경청과 사랑어린 공감은 물론, 어떤 상황에서도 하나님을 바라볼 수 있도록 돕는 자로서 가장 적합한 위치에 있다. 임애린 사모의 『슬기로운 사모생활』을 읽는 순간부터 그런 영혼의 친구가 되어줄 것이라 기대한다.

차 례

주님 뜻 안에 있는 사람들에게

언제부터였을까? 누군가 이 책을 내야 한다고 열망하는 것도 아니어서 서둘러 탈고하지 않아도 되었지만 자꾸 '책을 내야지' 하는 조급증이 일었다. 어제도 오늘도 주님께서 내 발걸음을 인도하셨듯이 이 책이 그 뜻 안에 있기를 기도한다.

이 책은 6장으로 나눈 61가지 이야기를 담고 있다. '어쩌다가 사모'가 된 줄 알았던 내 안에 이미 사모 DNA가 3대째 뼛속까지 이어졌다고 고백하는 40년의 목회 기록이기도 하다. 이미 신문이나 잡지에 발표한 원고들을 재구성하고, 다시 탈고하면서 추가 집필을 거듭하는 동안 호주와 한국의 시공간을 오갔다. 20년 이상 시간 차이가 있었으나, 질풍노도 같았던 지난 날도 아름다운 봄꿈이었다고 고백하게 되었다.

나에게 '목사 사모의 길'은 크게 드러낼 일도 아니었고, 누군가에게 보암직한 사역도 아니었다. 타고난 성품대로 유쾌하게 또 소박하게 그 길을 걸었고, 무던하고 고단하게 감당해야 했다. 오늘도 살아있는 영적 성장의 과정이다.

지혜로운 사람은 다른 사람의 시행착오를 보며 같은 실수를 하지 않는다. 나는 오늘도 목회 현장의 사모들에게 다가가서 "힘내세요!"라고 말하고 싶다. 삶의 고비마다 내 손을 잡아 주시던 하나님의 사랑이 없었다면 지금 이렇게 존재하지 못했을 것이다. 모든 영광을 에벤에셀의 하나님께 올려 드린다.

목회를 핑계로 돌보지 못했는데도 반듯하게 잘 자라 준 사랑하는 딸(임이래)과 아들(임엘리야) 그리고 사위(김석진)와 며느리(윤다람)에게 감사한다. 사랑하는 손주 김하선, 김하민, 임소은, 임다은은 내 삶의 행복과 기쁨의 원천이다.

마지막으로 함께 광야 길을 걸어 온 평생 웬수(?) 남편에게 감사드린다.

2020년 3월, 임애린

할머니 사모, 어머니 사모, 3대 사모

우리 집은 외가 친가 모두 증조부 때부터 내 손주에 이르기까지 6대째 예수 믿는 집안이다. 외가 쪽은 외할머니, 친정어머니의 뒤를 이어 나 역시 목사의 아내, 130여 년의 길지 않은 한국 기독교사에서 흔치 않은 케이스가 아닐까 싶다.

외할머니의 부모님과 외할아버지의 부모님은 고종 황제 시절, 기독교 초기에 복음을 받아들였다. 당시 반상 제도가 있던 시절이라서 선교사님의 중매(?)로 충청도 충주와 경기도 여주 이천에 살던 양반들끼리 사돈을 맺으셨다.

"사린교를 타고 시집갔단다."

외할머니는 그렇게 말씀하셨다. 사린교는 둘이 드는 가마가 아니라 넷이 드는 가마였으니 괜찮게 살던 집안이었을 것이다. 충청도 양

반집 막내였던 외할아버지는 뒤늦게 신학을 하고 목사가 되셨다. 나중에 유산을 다 내어 주고 만주로 선교하러 가시는 바람에 친정어머니는 어린 시절을 만주에서 보내야만 했다.

외할아버지는 선비의 품성을 지닌 훌륭한 목사님이었다고 어머니는 늘 말씀하셨다. 외할아버지의 소원은 자식 중 누군가 대를 이어 목사가 되는 것이었다. 외삼촌들은 소문난 효자였지만, 당시 빈곤의 상징이었던 목사가 되기에는 엄두가 나지 않았던지 너도나도 슬금슬금 일본 유학을 떠나면서 외할아버지의 소원을 비켜 나갔다.

6·25 전쟁을 거치면서 어머니의 오남매 중 막내 외삼촌과 어머니 둘만 살아남았다. 막내딸인 어머니가 군목이던 아버지와 결혼했을 때, 외할아버지는 서원 기도의 응답이라면서 당신의 뒤를 이어준 막내딸을 끔찍이 아끼셨다.

외할아버지가 돌아가시기 전, 며칠 동안 혼수상태로 의식이 없었는데 친정어머니가 달려가 "아버지!" 하고 부르자 큰소리로 "어~" 하고 대답하고는 하염없이 눈물을 흘리셨다고 했다. 그리고 얼마 후에 하늘나라로 가셨는데, 막내딸이 보고 싶어서 기다렸던 것은 아닌지. 이 말을 하실 때마다 어머니는 눈물을 글썽거렸다.

우리 집안의 초대 사모였던 외할머니는 아담한 체구에 예쁘장한 분으로 믿음이 깊고 명석하셨다. 대청마루에 앉아서 '내 주의 지신 십자가 세인은 안 질까'를 찬송하던 모습이 아직도 눈에 선하다. 어릴 적에 눈이 안 좋아서 고생하셨다는데 기도 응답으로 눈이 좋아져서 여든이 넘도록 안경 없이 깨알같이 작은 글씨의 성경을 읽을 수 있었다.

나는 외할머니에게 옛날에 목회 하시던 후일담을 많이 들었다.

기억나는 이야기가 하나 있다. 만주 선교 사역을 끝낼 무렵이었다. 외할아버지는 선교 사역 마무리를 위해 만주에 계시고, 외할머니는 한국에서 거처할 곳을 마련하기 위해 먼저 귀국하셨다.

할머니는 그때 일을 회고하면서 '수중에 가진 돈은 없고. 가족이 귀국할 날은 다가오고…' 어떡해야 할지 암담했단다. 그날도 여기저기 집을 찾아 다녀도 별 방도가 없었는데, 어떤 사람이 안양에 포도밭이 딸린 'ㄷ(디귿)'자 형 큰 한옥이 있다고 가 보라고 했다. 반가운 마음에 얼른 가 보니 사람 살던 흔적도 없이 낡아버린 집은 텅 비어 있었다.

소개한 사람의 말에 의하면, 귀신이 나온다고 소문난 집이었고, 오랫동안 사람이 살지 않아 폐허가 되어 있었다. '마음이 내키지 않으면 그냥 놔두고, 괜찮으면 공짜로 가지라'고 했다. 그러면서 목사님 댁이 사신다면 괜찮을 것 같아서 소개했다는 것이다. 말 그대로 흉가였다.

그 무렵에 안양은 전기가 들어오지 않는 그야말로 시골이었다. 사방이 포도밭으로 둘러싸여 있고, 가까이에 사람이 살지 않는 큰집에 젊은 여자 혼자 있겠다는 것은 여간해서 엄무도 못 낼 일이었다. 그런데 외할머니는 담대하셨다.

"하나님 믿는 사람이 귀신이 뭐가 무섭냐?"

외할머니는 혼자 그 집에서 찬송하고 기도하며 밤새 철야하셨다. 그런데 밤이 깊어지자 마당에서 저벅저벅 사람들이 걸어다니는 소리가 들리고, 마당에 물을 쫙 뿌리는 소리도 들렸다. 누가 있나 싶어 방문을 열어 보면 캄캄한 밤에 아무것도 보이지 않았다. 이상한 소리는 밤을 새고 새벽까지 들렸다. 그 소리에 놀란 사람들이 기절하고, 죽기도 했다고 들었다.

이튿날 새벽에 나가 보니 아주 큰 쥐가 마당 한가운데 죽어 있었다. 외할머니 표현에 의하면 '너무 오래 묵어서 등이 다 벗겨진 회색 쥐였는데 그렇게 큰 쥐는 처음 봤다'고 하셨다.

그 일이 있은 후 '목사님 댁은 다르다'면서 마을 사람들의 시선이 달라지고, 예수 믿는 사람도 생겼다. 그렇게 외가는 만주에서 돌아와서 안양에 자리를 잡게 되었다.

나는 그 집에서 태어났고 내 밑의 남동생이 태어났다. 세월이 지나면서 외할아버지가 돌아가시고 외할머니가 서울의 외삼촌댁으로 들어가실 때까지 그 집에서 살았다.

어머니는 종종 말씀하셨다. "내가 너희 외할머니 10분의 1만 닮아도 좋았을 텐데. 외할머니는 훌륭한 사모님이셨어." 내가 '어머니의 10분의 1만 닮으면 얼마나 좋을까?'라고 생각하는 것처럼 외할머니는 어머니의 표상이셨던 것이다.

2대 사모였던 어머니는 지병인 간경화로 2002년 8월 16일, 74세의 일기로 하나님의 부르심을 받았다. 어머니 성품은 온유하고 명랑하셨으며, 목소리가 좋아서 노래를 잘 부르셨다. 아직도 '어머니' 하면, 어머니의 웃음소리와 노랫소리가 먼저 떠오른다. 나뿐 아니라 우리 사남매 모두 어머니에게서 폭력적인 언어를 듣거나 매 맞은 기억이 없다.

어머니는 내가 목사의 아내가 되려는 결심에 직접적인 영향을 끼치셨다. 중학교 때부터 사모가 되겠다고 결심한 이유였다. 어머니가 얼마나 행복해 보이던지 목사의 아내가 세상에서 가장 좋은 것인 줄 알았다.

지혜롭거나 온유하지도 못하고, 혈기 왕성한 데다 믿음조차 없던 스물다섯 살의 나는 마침내 외할머니와 어머니의 대를 이어 3대째 목사의 아내가 되었다.

목회의 현장에서 좌충우돌 시행착오를 겪으며 마음의 상처를 받을 때 가장 먼저 들었던 마음은 하나님께 속았다는 것이었다. 그리고 두 번째는 어머니에게 속았다고 원망하기도 했었다. 이렇게 힘든 길인데 하나님과 어머니는 '나를 왜 말리지 않으셨냐?'는 말도 되지 않는 원망이었다.

하나님도 참! 이런 나를 아직도 사용하시니 너무 감사하다. 암만 생각해도 이것은 전적인 하나님의 은혜라고 설명할 수밖에 없다.

PART 1

사모가
어떻게 그래요?

한동안 '왜 사모가 되었느냐?'는 질문에 답변하기 어려웠다. 나 자신도 정확한 이유를 몰랐다. 무슨 대단한 사명감이 있었던 것도 아니고, 남보다 믿음이 훌륭했던 것도 아닌데, 중학교 때부터 사모가 되겠다고 서원 기도를 했으니 아무리 생각해도 아이러니한 일이었다.

어려서부터 사모가 되겠다는 것 외의 다른 가능성에 대해 비전을 가진 적이 없었다. 어느덧 하나님이 사모로 '부르셨음'을 고백하지만, 목회 20여 년이 지나는 동안 풀리지 않던 수수께끼였다.

왜냐하면, 우선 사모로서 자질이 전혀 없는 사람이다. 적성 검사를 거쳐서 사모가 되어야 한다면 1차 탈락 대상감이다. 주사 바늘만 봐도 기절하는 사람이 훌륭한 간호사가 될 수 없는 것과 같은 이치다.

당시 사모는 한없는 희생, 헌신, 온유와 겸손 그리고 절대적인 순종과 끝없는 인내, 무릎 꿇고 늘 기도의 본을 보이는 지혜로운 어머니상이었다. 사모의 삶 자체가 눈물 없이는 못 가는 길, 십자가의 길이었다.

그런데 나는 어떠한가? 불의를 보면 참지 못하는 정의감(?)이 유별났고, 지나치게 솔직한데다가 맺고 끊음이 분명한 강한 성격을 가지고 태어났다. 사모의 자격과 조건은 단 한 가지도 가지지 못한 그야말로 자격 미달의 사람이었다. 외할머니의 믿음과 지혜와 인내, 그리고 친정어머니의 사랑과 겸손, 온유함 그 어느 것도 물려받지 못한 완전한 돌연변이였다.

스물다섯 어린 나이에 사모가 되어 목회 현장에서 좌충우돌하면서 수많은 시행착오를 거쳤다.

"하나님은 모든 걸 다 아신다면서, 사모로서 적합한 인물이 아니라는 걸 더 잘 아셨을 텐데 왜 하필 나를 사모로 부르셔서 이 고생을 시키실까?"

"하나님께서도 고생일 텐데."

하지만 어쩌랴. 기차는 이미 떠났고 되돌릴 수도 없는 일이었다. 할 수 없이 사모의 모습을 갖추기 위한 훈련에 들어갔다. 더 정확히 말하면, 사람들이 원하는 사모로서의 외형적인 모습을 갖추기 위한 훈련이었다.

사람들은 왜 그렇게 겉으로 드러나는 모습에 관심이 많은지, 온유하고 겸손하게 보이려고 애를 쓰는데 몇 년이 흘렀다. 믿음이 시원치 않다 보니 철야와 금식을 밥 먹듯 하고, 하루 종일 성경을 읽고 영성 훈련을 하느라고 몇 년이 또 흘렀다. 강한 개성이 사모답지 못하게 보일 것 같아 애써 누르느라고 또 몇 년을 보냈다.

이래저래 자신을 누르고 자르고 사모의 틀에 맞추다 보니 20여 년의 세월이 흘러버렸다. 그러다가 탈진해서 두 손을 들기도 했다. 사모의 모습을 갖추기에 바빴던 시간들을 되돌아보면, 전도하거나 영혼 구원에 더 많이 힘쓰지 못한 것이 못내 아쉽다.

나는 왜 사모가 되었을까? 만일 사모가 되지 않았다면 틀림없이 문제 많은 교회와 교인들에게 환멸을 느끼고 '가나안 성도'가 됐을지도 모른다. 아니면, 교회 안에서 입바른 소리를 하며 목회자의 마음을 아프게 하는 못된 교인이 되었을지도 모르겠다.

그래서 하나님이 '사모'라는 사랑의 굴레(?)로 꽁꽁 묶어 놓으셨나 보다. 이렇게 결론을 내린 나는 그냥 "아멘!" 했다. 적성에도 맞지 않는 사람을 뽑아 놓고, 고쳐 나가느라 나보다 더 진땀을 흘리실 하나님께 송구스러워하면서 말이다.

되돌아보면, 불뱀과 전갈이 우글거리고, 숨도 쉴 수 없이 고통스럽던 광야 길에서 씩씩하게 살아남을 수 있었던 것은 얼마 되지 않는 나의 장점 때문이 아니었다. 그것은 내 평생의 단점인 강한 성격 덕분이었다. 그렇게 죽음의 광야에서 나는 살아남았다. 하나님은 정말 모든 것을 합력하여 선을 이루어 가신다.

그러고 보면 하나님과의 만남은 우연이 아니었다. 외할머니와 어머니를 통해 3대째 이어지는 하나님의 부르심, 그 사랑의 시간표였다. 지금 누가 나에게 '왜 사모가 되었냐?'고 묻는다면, 남편을 돕는 배필로 하나님이 부르셨다고 대답하겠다. 왜냐하면 그를 돕는 배필은 나 외에는 아무도 할 수 없다는 것을 확신하니까 말이다.

복음은 적성과는 상관없는 하나님의 능력이다. 복음은 생명과도 바꿀 만한 가치가 있는 것이다. 그래서 나는 예수님이 너무 좋다. 할 렐루야!!

행복한 어린 시절을 보냈다. 50년대는 6·25 전쟁 직후라서 나라 전체가 참 가난했다. 모두가 경제적으로 어려웠던 때라 가난은 내게 그리 큰 상처가 되지 않았다.

나누는 것을 좋아하시던 부모님의 영향으로 우리 사남매는 뭐든지 생기면 경쟁이라도 하듯이 남에게 나누어 주었다. 소유하는 기쁨보다 나눌 때 얻는 기쁨이 더 큰 것을 그때 배웠다.

부모님이 심방 가고 안 계신 우리 집에 종종 거지가 찾아왔다. (그때는 거지가 참 많았다.) 거지에게 쌀독의 밑바닥을 닥닥 긁어서 쌀을 주고 나면 저녁을 쫄쫄 굶어야 했지만, 집에 돌아오신 어머니는 '잘했다'고 머리를 쓰다듬어 주셨다.

부모님은 언제나 우리에게 안전하고 따뜻한 울타리였다. 아버지는 한번 약속한 것은 꼭 지키셨고, 어머니의 모습은 '인생은 아름답다'는 환상(?)을 가질 만큼 늘 아름답게 웃고 계셨다.

의료 시설이 뒤떨어지던 그때는 아이들을 낳는 대로 다 기를 수가 없었다. 어린 자녀 중 몇몇은 질병으로 목숨을 잃었다. 백 일 넘기기가 힘들다고 해서 '백일잔치'가 생겼고, 돌도 되기 전에 죽는 아이가 많아서 '돌잔치'가 생겼다. 60세까지 살기 어려웠던 탓에 '환갑잔치'를 성대하게 했던 것과 같다.

아이를 많이 낳아서 몇몇을 잃더라도 남은 자녀들이 서로 의지하며 살았기에 '반타작 한다'는 말도 있었다. 집집마다 형제자매들이 많왔고, 그러다 보니 먹고 살기에 급급해서 지금처럼 부모들의 전적인 격려와 지지를 받기가 어려웠다.

특히 우리 세대는 유교의 가부장적인 문화가 강했다. 남자가 부엌에 들어가는 것은 상상할 수도 없었다. 자기 아이라도 어른들 앞에서는 예쁘다고 안고 어르지도 못했고, 남 앞에서 가족 자랑을 하면 팔불출이라고 흉을 봤다. 아들을 못 낳아서 비관 자살한 여자들의 사건이 종종 신문 기사로 뜨던 시절이었다.

그런 사회 분위기에서 남녀 차별을 받지 않고 아낌없는 칭찬과 격려를 받으며 자랄 수 있었다. 이처럼 좋은 부모님을 내게 주신 것도 하나님의 은혜였다.

예나 지금이나 목회는 당연히 어려웠을 텐데, 부모님은 우리 사남매 앞에서는 교회의 문제나 교인들의 이야기는 일체 하지 않으셨다. 그래서 나는 교회가 천국 같은 공동체인 줄로 알고 자랐다. 크리스마스와 여름성경학교를 손꼽아 기다렸고, 잘생긴 교회 오빠를 보고 마음이 설레기도 했다. 교회는 아름다운 추억으로 가득한 보물 창고 같았다.

중학생이 되면서 나는 보이지 않는 하나님이 '정말 계신가?'에 대해 심각하게 고민하기 시작했다. 인격적인 하나님을 만나기 이전이라서 그 고민은 한동안 계속됐다. 그리고 '아직 잘 모르지만 우리 부모님이 하나님을 믿으니 하나님은 분명히 계실 것이다'라는 결론을 내렸다. 부모님은 내가 하나님을 신뢰하고 하나님을 만나는 데 결정적인 역할을 하셨다.

하나님이 정말 계시다면 한 번뿐인 인생을 살면서 '가장 중요한 일은 무엇일까?'라는 질문이 뒤따랐다. 지금 같으면 '평신도 사명자'로 자기의 삶을 살면서 얼마든지 주의 일을 할 수 있지만, 그때만 해도 하나님의 일을 하려면 '목사'가 되어야 한다는 고정 관념이 있었다. 목사가 된다는 것은 어려운 가시밭길을 자청하는 소명과 사명이 필요한 힘든 결단이었다.

지금처럼 여자 목사가 흔하던(?) 때가 아니었다. 대부분의 교단은 여자 목사가 없었고, 감리교단 전체에도 여자 목사는 한두 분에 불과했다. 목사가 된다는 것은 꿈도 꾸지 못할 일이었다. 그렇다면 '목사를 돕는 사모가 중요하지 않을까?' 하는 생각이 들었다.

사모는 어머니처럼 피아노 반주만 하면 되는 줄로 착각했던 내게 가장 큰 고민은 '잠이 많은 내가 새벽 기도를 어떻게 하나?' 하는 것이었다. 드디어 사모가 되기로 결단했는데, 그때가 중학교를 졸업하기 직전이었다.

어느 날 갑자기 사모가 되겠다고 말했을 때 부모님이 "그 힘든 길을 어찌 가려느냐?"고 걱정하는 눈치만 살짝 주셨어도 내 생각이 바뀌었을지도 모른다. 그런데 눈치는커녕 부모님은 특히 어머니는 '잘 생각했다'며 무척 기뻐하셨다.

아주 굉장히 잘난(?) 결정을 한 줄 알았던 나는 그날 이후로 한 번도 사모가 되겠다는 생각을 접지 않았다. 아무리 분에 넘치게 좋은 조건의 신랑감이라고 해도 목사가 될 사람이 아니면 거들떠보지도 않았다. 그렇게 사모가 되었다.

사모가 된 후에야 그 사명이 얼마나 힘든 길인지 알았다. 사모는 환상이 아니었다. 현실이었다. 숨이 턱턱 막히도록 힘든 길을 걷고 또 걸으면서, 이렇게 힘든 길을 말리지 않은 어머니를 살짝 원망하기도 했다. 이 철 없음을 어찌할까나?

#3   요나처럼 독수리처럼

요나처럼 도망가고 싶을 때가 있었다. 내 상한 감정과는 상관없이 나를 구원하신 사랑 때문에 도망가지 못했고, 큰 물고기 뱃속에 어정쩡한 자세로 엎드려서 슬픈 눈으로 바라보던 요나처럼 내가 거기에 있었다.

그분의 명령이었다. 억지로라도 지고 가야 할 십자가였다. 너무 무거웠고 뼛속까지 시리고 아팠지만 아무리 도망쳐도 하나님의 손에서 벗어날 수 없던 요나처럼 나는 니느웨 앞 바다에 던져졌다.

요나서를 읽다 보면 요나의 인간적인 모습이 나랑 참 많이 닮은 것 같아 가끔씩 피식 웃음이 나온다. 하나님을 사랑하고 본인의 사명을 알면서도 하나님의 눈을 피해 도망가려 하고, 할 수 없이 니느웨 성에 가서 회개를 외치고도 그 성이 멸망하기를 기다리는 요나.

하루아침에 나무 넝쿨이 생겨서 햇빛을 가려주니까 신이 나서 좋아하다가, 그 넝쿨이 순식간에 말라버리자 자기가 심은 것도 아니면서 뜨거워서 죽겠다고 화를 내고 반항하며 불평하는 요나의 모습을 나는 참 많이 닮았다.

그래서 성경의 인물 중에서 자기랑 가장 많이 닮은 인물을 꼽으라면 주저하지 않고 요나를 꼽는다. 이래저래 나는 인간적인 요나에게 참 정이 간다.

새로운 것을 시도하기에는 몸과 마음이 너무 지쳐 있던 날이었다. 이만큼 충성했으면 되었다고 그만 안주하고 싶은 마음이었다. 아니, 하나님이 새로운 시도를 하라고 하실까 봐 겁이 났다는 말이 맞을 것이다.

조금씩 나이를 먹어 가면서 새로운 일에 더욱 자신이 없어졌다. 지친 날개를 접고 양지바른 곳에 앉아서 한가롭게 해바라기나 하고 싶었다. "이제껏 벅차게 달려온 것만으로도 충분해. 그냥 쉬어." 내 속에서 들려오는 달콤한 유혹이었다.

새로운 일을 하기 위해 다시 날아야 한다면, 얼마큼의 고통을 견디어야 하는지를 잘 아는 나로서는 선뜻 결정하기 어려웠다. 온몸이 아파서 자리를 펴고 제대로 앉지도 못하겠는데 날다니. 언감생심, 정말 말도 안 되는 상황이었다. 고통으로부터 도망치고 싶고, 쉬고 싶은 인간적이고 본능적인 욕구가 새로운 비전을 향한 도전과 사명을 가볍게 눌러 버렸다.

나는 몸을 웅크리고 끙끙 앓았다. "하나님! 정말 있는 힘을 다해 달려왔어요. 이제는 더 이상 힘이 없어요. 제발, 그냥 놓아 주세요." 아무리 끙끙 앓고 있어도 야속하리 만큼 하나님은 대답이 없으셨다. 내 의지와는 상관없이 다시 일어서야 한다는 깨달음만 분명해지고 있었다.

독수리는 늙으면 중요한 결정을 해야 한다. 고통 없이 그대로 자연스레 늙어 죽든지, 부리와 발톱을 바위에 깨고 뽑아내는 고통을 통해 새로운 부리와 발톱을 가지고 십수 년을 더 강하게 살든지….

그냥 이대로 고통 없이 자연스레 죽고 싶다는 내 안타까운 바람과는 달리 하나님은 부리를 깨고 발톱을 뽑는 결단을 원하셨다. 왜 그래야 하는지, 그것이 얼마나 고통스러운 일인지는 짐짓 모른 체하셨다.

에벤에셀의 하나님을 경험하며 살아온 나는 그분이 가라고 하시는 길이 최선의 길이라는 것을 잘 알고 있었다. 결국은 그렇게 해야 한다는 것도 경험상 잘 알고 있었다.

그래도 그분이 가리키는 손끝을 보지 않으려고 한동안 고개를 들지 않고 엎드려 있었다. 그러다가 결국 순종할 수밖에 없었다. 소리 죽여 울면서 부리를 깨고 발톱을 뽑는 결단은 그렇게 이루어졌다.

#4   인기 중독증에 걸린 사역자

인기를 먹고 사는 연예인들은 순식간에 인기가 떨어질 것만 같아서 불안하고 전전긍긍한다. 인기가 곧 생존의 방법이어서 자신을 알리고 인기를 얻으려고 무엇이든 하려고 한다.

에벤에셀의 하나님을 경험하며 살아온 나는

그분이 가라고 하시는 길이 최선의 길이라는 것을

잘 알고 있었다. 결국은 그렇게 해야 한다는 것도

경험상 잘 알고 있었다.

인기가 떨어진다고 느끼면 기기묘묘한 방법으로 대중의 시선을 사로잡기도 한다. 대중의 악플에 시달리다가 비관 자살하는 사람도 있고, 악플도 좋으니 관심을 좀 가져 달라며 호소하는 사람도 있다.

사람들의 관심이 우선순위이다 보면 무관심인 무플보다 차라리 악플의 관심이 나은 모양이다.

인기에 연연해하는 연예인을 보며 사람들은 생각한다. '인기가 없는 것이 무슨 대수냐?', '인기가 떨어지면 그냥 평범하게 살면 되지 뭘 그렇게 유난을 떠나?' 그러나 무대 위에서 화려한 조명을 받으며 대중의 박수갈채를 받아 본 사람들은 그 화려함에서 벗어나면 죽을 것 같은 고통을 느낀다. 인기는 그렇게 중독성이 있다.

교회 안에서도 사람들 앞에서 활동해야 하는 사역자들은 '관심'과 '칭찬'에 노출되기 쉽다. 요즘 목회자는 연예인들과 비슷한 점이 많다. 미디어의 발달로 설교가 방송을 타 얼굴이 알려지고 인기를 얻는 순간부터 목회자가 마치 연예인 같이 행동한다는 느낌을 지울 수 없다.

하나님을 향해 최선을 다해 찬양을 했으니
얼른 비켜서서 모든 영광을
하나님께 돌리려고 노력한다.

대중의 시선을 받는 것에 익숙해지고, 설교를 끝내고 '은혜 받았다'는 찬사를 들어야 만족한다면 이미 '인기 중독증'의 시작인지도 모른다.

하나님이 내게 주신 달란트인 찬양을 할 때, 사람들의 반응에 예민하지 않도록 스스로 훈련해 왔다. 자칫 잘못하면 하나님께 올려드리는 찬양이 사람들 앞에서 '노래하는 것'으로 변질될 수도 있다는 것을 깨달았기 때문이다.

그래서 찬양이 끝나고 나서 박수를 받는 것을 좋아하지 않는다. 하나님을 향해 최선을 다해 찬양을 했으니 얼른 비켜서서 모든 영광을 하나님께 돌리려고 노력한다.

마귀는 내 귀에 '네가 노래를 잘 했으니 박수를 받는 것은 당연한 일이다'라고 속삭인다. 같은 맥락으로 마귀는 목회자들에게 이렇게 속삭인다. '네가 목회를 잘 했으니 대접받는 것은 당연한 일이다.'

예수님이 예루살렘에 입성하실 때, 예수님을 태운 나귀는 본의 아니게 "호산나!" 하는 관중의 환호를 받았다. 사람들의 겉옷이 깔린 화려한 길 위로 걷기도 했다. 그것은 예수님을 태웠기 때문이지, 나귀인 '내'가 잘나서 그런 것이 결코 아니다.

나는 등 뒤에 타고 계시는 예수님을 의식하지 못하고, 사람들의 박수를 내 것으로 착각하는 어리석은 나귀가 되고 싶지 않았다. 그래서 자칫하면 빠지기 쉬운 인기 중독증에서 벗어나기 위해 지금도 '나는 누구인가?'를 매 순간 체크하며 돌아보고 있다. 요나와 같은 나를 변함없이 사랑하시는 하나님께 모든 영광을 올려드리면서.

교회 안에는 목회자, 성도 그리고 사모라는 제3의 위치가 있다. 사모는 목회자도 성도도 아닌 그냥 사모다. 교회 안에서 사모의 역할과 위치는 정확하지 않다.

신학을 전공한 일부 사모들을 제외하고는 대부분 신학에 대해 무지하다. 사모들을 위해 몇 년의 정규 교육 과정을 가지고 제대로 교육시키는 기관 자체가 아예 없다. 각자 눈치껏 세미나 혹은 강의에 참석하면서 사모의 역할이 뭔지를 스스로 터득해야 한다. 한마디로 사모에 대한 자격이나 기준이 없다.

사모는 분명 성도인데도 목사와 성도들 중간쯤에 어정쩡하게 끼어있는 존재로 역할과 위치가 불분명하다. 목사가 아닌데 목사의 설교를 평가하기도 하고, 목사의 자세를 논하기도 하고, 자연스레 목회에 끼어들어 목사를 가르치려 들기도 한다.

사모는 이러이러해야 한다는 모범 답안이 없는 만큼, 어쩌면 사모가 된 순간부터 스스로 사모의 정체성을 결정해야 했는지도 모른다. 평생을 그림자처럼 내조를 하든지 아니면 강한 영향력을 가지고 적극적으로 앞에 나서서 같이 뛰든지 그것은 각자 사모의 몫이다.

각종 회의를 거쳐 결정된 사안들이 목사가 집에 갔다가 돌아오면 뒤집히는 경우도 있다고 한다. 강한 영향력을 선택한 사모의 입김이다. 공적인 회의의 결정을 뒤엎을 만큼의 영향력이 있는 사모들이 있기는 한가 보다.

사모가 된 이유는 각각 다르다. 사랑하는 남자가 목사가 될 사람이기에 덜컥 사모가 되기도 하고, 때로는 사명 때문에 사모가 되기도 한다. 이유야 어찌 되었든 사모가 되는 순간부터 그동안 교회에서 믿음이 좋다고 칭찬받던 자리에서 뚝 떨어져서 구박 덩어리 며느리 신세가 되는 신세계를 경험하게 된다.

'시댁'을 '시월드'라고도 한다. '시'자가 들어가서 '시금치'도 싫다는 세상이다. 그런데 교회 안에는 교인 수만큼의 시어머니가 있다. 사모는 매운 시집살이를 하는 며느리처럼 평생 마음을 졸이며 살아야 한다.

사회에서 인정받는 전문가라고 해도 사모가 자기 목소리를 내거나 자기주장을 해서는 안 된다. 억울한 일을 당해도 변명해서는 안 되고, 그냥 참고 또 참아야 한다. 사모 교육이 없어 사모의 역할에 대해 교육받지 못했으니 오랜 시행착오를 거쳐 자기가 설 자리를 스스로 찾을 수밖에 없다. 교회마다 사모가 설 자리가 다르기 때문이다.

어느 화창한 봄날이었다. 점심 직후에 사모들을 위한 세미나의 오후 강의가 계속되고 있었다. 배가 부른 데다 따뜻한 봄 햇살은 야속하리만큼 포근했다. 설상가상으로 일률적으로 낮은 톤의 지루한 강의 탓에 꾸벅꾸벅 조는 사모들이 늘기 시작했다.

'마음은 원이로되 육신이 연약해서' 졸고 있는 사모들의 단잠을 깨우려는 듯 강사가 갑자기 주제와 상관없는 말을 툭 던졌다.

"사모는 매의 탈을 쓴 비둘기여야 합니다!"

뭐라고? 나는 내 귀를 의심했다. 사모는 온유하고, 착하고, 인내심이 많고, 희생적이어야 한다는 등등의 말을 귀에 딱지가 앉을 정도로 많이 들었다. 그런데 '매의 탈을 쓴 비둘기'라니. '매'와 '사모'는 전혀 어울리지 않는 단어가 아닌가?

결론인즉, 겉과 속이 다른 이중적인 사람이 되라는 말이 아니라, 수많은 이단과 교회의 문제들로부터 스스로를 보호하기 위해 속은 비둘기이지만 겉은 매처럼 강하고 담대하게 보일 필요가 있다는 뜻이었다.

"사모가 비둘기같이 유약해 보이면 이단이나 교인들이 만만히 보고 공격합니다. 여기저기 물어 뜯겨서 피투성이가 되면 사모가 오래 견디지 못합니다. 그러니까 오늘부터 매의 탈을 하나씩 써 보십시오. 물론 진짜 매여서 비둘기인 성도들을 잡아먹는 사모는 곤란하겠지만요." 하고 강사가 웃으며 덧붙였다.

듣고 보니 나름대로 설득력이 있었다. 착한 사모일수록 교인들에게 이리저리 휘둘리며 상처받고 아파하는 것을 보았다. 교인들이 만만하게 보고 함부로 대하는 것도 보았다. 사모가 험한 환경에 노출되는 일이 얼마나 많으면 강사가 그런 말을 했을까? 매의 탈이라니.

참 재미있는 말이었다. 지금도 목회 현장에서 상처받고 아파하는 사모들에게 자기방어를 위한 '매의 탈'을 살짝(?) 써 보라고 권하고 싶다. 혹시 알게 무언가. 태산 같은 문제가 다가왔다가도 매의 탈을 보고는 진짜 '매'라고 착각하고 '걸음아 나 살려라' 하고 도망갈지도 모를 일이다.

내 이름은 '사모'다. 아니, 내 이름은 '사모'가 아니다. 스승이나 윗사람의 부인을 높여 부르는 호칭을 자기 스스로를 높여 부르는 것이니 상당히 웃기는 일이다. 그런데 20대 후반부터 오랫동안 사모라고 불리다 보니 그 호칭에 익숙해져서 이제는 사모가 내 이름처럼 되어버렸다.

사모라는 말은 특별한 존칭이라기보다 교회 안에서 집사나 권사같이 직분의 하나처럼 불린다. 이미 국어사전에도 사모(師母)에 대해 '목사의 부인'이라고 정의하고 있다.

오래 전에 〈내 이름은 김삼순〉이라는 드라마가 있었다. 너무 흔하고 촌스러운 이름 탓에 속상해하는 주인공에게 택시 기사가 말했다.

"이름 때문에 속상해 하지 마, 삼순이만 아니면 되지."

그러자 주인공이 엉엉 울면서 말했다.

"내가 바로 삼순이라고요!"

그 드라마 제목처럼 '내 이름은 사모'다. 때로는 사막에 혼자 던져진 것 같아 두렵고, 수많은 사람 속에 둘러싸여 있어도 늘 가슴은 시리고 쓸쓸하다. 주위를 아무리 둘러봐도 진솔한 대화를 나눌 친구가 보이지 않아 외롭기도 하다.

은혜 받고 감사해서 눈물을 뚝뚝 흘리다가도, 억울한 말을 들으면 치미는 울화 때문에 혼자 씩씩거리고, 못되게 구는 교인을 보면 밉고, 예쁘게 신앙생활 잘하는 교인을 보면 사랑스럽다 보니 감정도 공평하지 않다. 사모가 그래서는 안 되는데, 온유하고 인내심이 많아야 하는데, 무조건 희생하고 헌신해야 하는데, 그런 의미에서 나는 무늬만 사모일 때가 많았다.

목회라는 것은 아무리 오랜 시간이 지나도 마스터가 되지 않는 불가사의한 일 중의 하나다. 물론 이런저런 시행착오를 거치면서 웬만한 일에는 끄덕도 않는 관록이 생기기도 하지만, 과거와 유사한 상황에 다시 처하면 심장이 옥죄이고 간이 쪼그라지는 통증을 느낀다.

그중에서도 믿고 의지하던 사람들이 등을 돌릴 때 느껴지는 배신감은 되새기고 싶지 않은 끔찍한 경험이었다. 하나님보다 더 믿고 의지하면 그것이 우상이라는 것을 알면서도 나는 끊임없이 교인들을 의지하고, 사랑하고, 그 일로 상처를 받았다. 그리고 참 많이 아팠다. 그렇게 십수 년이 지났다.

'하나님을 사랑한다고 하면서 눈에 보이는 교회와 교인들을 더 사랑했구나.' 이러한 깨달음이 있은 후에야 비로소 사람들에 대한 기대를 놓아버릴 수 있었다. 내 아픔과 고통을 교인들이 알아주고 이해해주기를 바랐던 것이 얼마나 '허망한 바람'이었는지 깨닫는데 평생이 걸린 셈이다.

사모로 산다는 것이 늘 힘들고 고통스러운 일만 있는 것은 아니었다. 사모로 부름을 받은 것 자체가 대단히 영광스럽고 감사하고 기쁜 일이었다. 그런데 아주 가끔씩 힘들었다. 도대체 뭐가 그리 힘드냐고 묻는다면 설명하기 어려워서 "사모 한번 해 보실래요"라고 되묻기도

목회 초년 시절, 어느 날 성경을 읽다가 신명기

8장 말씀이 날카롭게 마음에 박혔다. 이 말씀은

지금까지 내가 가장 좋아하는 구절 중의 하나이며,

사모로서 내가 가야 할 길과 방향을 정확히

제시하는 은혜의 말씀이라 함께 나누고 싶다.

했다.

목회 초년 시절, 성경을 읽다가 신명기 8장 말씀이 선명하게 마음에 박혔다. 이 말씀은 지금까지 내가 가장 좋아하는 구절 중의 하나이며, 사모로서 내가 가야 할 길과 방향을 정확히 제시하는 은혜의 말씀이어서 함께 나누고 싶다.

¹¹내가 오늘 네게 명하는 여호와의 명령과 법도와 규례를 지키지 아니하고 네 하나님 여호와를 잊어버리지 않도록 삼갈지어다 ¹²네가 먹어서 배부르고 아름다운 집을 짓고 거주하게 되며 ¹³또 네 소와 양이 번성하며 네 은금이 증식되며 네 소유가 다 풍부하게 될 때에 ¹⁴네 마음이 교만하여 네 하나님 여호와를 잊어버릴까 염려하노라 여호와는 너를 애굽 땅 종 되었던 집에서 이끌어 내시고 ¹⁵너를 인도하여 그 광대하고 위험한 광야 곧 불뱀과 전갈이 있고 물이 없는 간조한 땅을 지나게 하셨으며 또 너를 위하여 단단한 반석에서 물을 내셨으며 ¹⁶네 조상들도 알지 못하던 만나를 광야에서 네게 먹이셨나니 이는 다 너를 낮추시며 너를 시험하사 마침내 네게 복을 주려 하심이었느니라 ¹⁷그러나 네가 네 마음에 이르기를 내 능력과 내 손의 힘으로 내가 이 재물을 얻었다 말할 것이라 ¹⁸네 하나님 여호와를 기억하라 그가 네게 재물 얻을 능력을 주셨음이라 이같이 하심은 네 조상들에게 맹세하신 언약을 오늘과 같이 이루려 하심이니라 ¹⁹네가 만일 네 하나님 여호와를 잊어버리고 다른 신들을 따라 그들을 섬기며 그들에게 절하면 내가 너희에게 증거 하노니 너희가 반드시 멸망할 것이라 ²⁰여호와께서 너희 앞

40

에서 멸망시키신 민족들 같이 너희도 멸망하리니 이는 너희가 너희의 하

나님 여호와의 소리를 청종하지 아니함이니라(신 8:11-20)

#7 　　　　　　　　　엄마 사모가 딸 사모에게

친정어머니는 양 같은 분이었다. 2년 터울의 고만고만한 사남매를 기르면서 큰소리를 내거나 매를 든 모습을 본 적이 없다. 갈수록 아이 하나 기르는데도 절절매는 엄마들이 많은데, 어떻게 사남매를 기르면서 큰소리 한번 내지 않으셨는지(하기는 우리가 좀 착하기는 했지만~ㅋ) 정말 불가사의한(?) 일이었다.

목회라는 것이 매일 교회 다니는 것처럼 즐겁고 재미있을 것이라고 착각하는 철없는 딸에게 친정어머니는 이렇게 말씀하셨다.

"내가 목사의 아내가 되겠다고 했을 때 외할머니가 말씀하셨단다. 절대로 교인은 믿으면 안 된다고. 교인은 사랑할 대상이지 믿음의 대상이 아니야. 어떤 순간에도 하나님만 믿어야 한단다."

하나님만 믿어야 한다는 것은 당연한 말이지만, 어찌 들으면 사람을 믿지 말라는 말 같아서 당시에는 그 말뜻이 이해가 되지 않았다. 그렇게 철없이 시작한 목회를 수십 년하고 은퇴를 코앞에 둔 시점이 되어서야 그 말씀이 이해가 되었다.

만일 지금 '은퇴를 앞두고 후배 사모님들에게 한 가지만 조언한다면 무슨 조언을 해 주고 싶으냐?'고 묻는다면 친정어머니에게서 들었

던 '교인은 믿으면 안 된다. 교인은 믿음의 대상이 아니라 사랑의 대상이다'라는 말을 해 주고 싶다. 특히 나같이 온실 속 화초처럼 세상 물정 모르고 맹목적으로 사람을 믿는 후배 사모님에게는 꼭 이 말을 하고 싶다.

목회를 하다 보니 눈에 보이지 않는 하나님보다 눈에 보이는 사람을 의지하기가 참 쉬웠다. 믿음과 성격이 좋아 보이고 나를 잘 이해해 준다고 느끼면 더 의지하게 되었다. 믿을 만한 사람에게 속을 털어놓고 위로를 받고 싶은 것은 인지상정이다. 그런데 사람은 누구나 완전하지 못하다. 완전하지 못하기에 믿을 대상이 아니었다.

하나님이 보내신 일꾼이라고 믿고 많이 의지하던 사람에게서 뒤통수를 맞고 교회가 큰 문제에 빠지게 되는 경우를 주위에서 참 많이 보았다. 힘들 때 믿고 한 말이 꼬리를 물고 눈덩이처럼 커지고 왜곡되면서 사역을 하지 못할 지경에 놓이는 경우를 볼 때는 정말 마음이 쓰리고 아팠다.

서로가 좋은 관계일 때는 상관이 없었지만 조금이라도 소원한 관계가 되면 문제였다. 그동안 비밀스레 털어놓았던 말이 여과되지 않고 부풀린 채 그대로 돌고 돌아 난처하고 황당한 입장에 처하는 사모도 보았다.

감정이 복받쳤을 때는 차분할 수가 없다. 힘든 상황을 말하려면 과장된 감정에 속아서 사실보다 더 크게 말하게 마련이다. 속을 털어놓으면 그 순간은 시원할 것 같지만 돌아서면 바로 후회하게 된다.

친정어머니는 사람을 잘 믿는 내 성격을 아시고 '교인은 사랑할 대상'이라는 말씀을 해 주셨는지도 모르겠다. 결혼 전에는 이해가 되지 않아서 흘려들은 말씀이었는데, 그 말씀이 내 가슴에 그대로 박혀서 목회하는 동안 내 마음에서 떠나지 않았다.

때로는 마음을 털어놓고 위로받고 싶기도 했다. 그러나 그럴 때마다 어머니의 조용한 충고의 말씀이 귓전을 울려서 아무리 힘든 일이 있어도 매번 마음을 다잡고 입을 열지 않았다. 시간이 지나 정신이 들면 '얘기 하지 않기를 잘 했다'고 생각했다.

사모는 참 외로운 존재다. 결혼하고 사모가 되는 순간부터 일단 친구가 없어진다. 더 정확히 말하면 친구들과의 공감대가 없어진다. 만나도 예전처럼 허물없이 떠들 수가 없다. 삶에 대한 관심도가 다르다 보니 대화가 헛도는 것을 느낀다. 그러다 보면 자연히 걸음이 뜸해지고 시간이 흐를수록 하나둘 멀어지게 된다.

친정도 없어진다. 물론 물리적인 친정은 언제나 존재하지만, 친정부모나 형제자매에게조차 목회하면서 아픈 속을 드러낼 수 없다. 심리적으로 기댈 친정이 없어지는 셈이다. 친정이 믿는 가정이 아니라면 그 외로움과 고통의 강도가 훨씬 심하다. 기댈 곳이 없으니 할 수 없이 하나님 앞에 무릎으로 나아가서 엎드려 기도하고 또 눈물 뿌려 기도할 수밖에 없다.

나도 그랬다. 결혼하자마자 친정 식구가 모두 미국으로 이민을 갔기 때문에 한국에는 오롯이 나 혼자였다. 첫아기를 낳을 때도 친정은 미국에, 남편은 군대에 있었다. 나는 극심한 난산을 혼자 견디며 아이를 낳았다. 호주 선교사로 파송 받은 후에는 친정과 더 멀리 뚝 떨어져서 모든 결정과 판단은 내 몫이었다.

이제 SNS가 발달되어서 어느 나라든지 통화하고 연락하기가 쉽지만 그때는 그렇지 않았다. 무슨 말이나 다 들어주는 내 멘토였던 친정 어머니지만, 오랜만에 통화하면서 힘든 사정을 이야기해서 걱정을 끼쳐 드리고 싶지 않았다. '맨 땅에 헤딩'이라는 말이 있다. 그 말처럼 아무 경험이나 대책 없이 그냥 몸으로 부딪치며 살아나가는 형상이었다.

그런데 지나고 나니 그런 고통이 곧 축복이었다. 고통이 없으면 하나님 앞에 나아가지 않았을 것이다. 하나님과 대면하면서 크고 작은 기적을 체험하지도 못했을 것이다. 진실된 축복이 무엇인지도 몰랐을 테고, 감사의 조건이 차곡차곡 쌓이는 것을 경험하지도 못했을 것이다. 당연하다고 생각했던 많은 것이 사실은 감사의 조건임을 아는, 영적으로 철이 들어가는 과정도 없었을 것이다.

인간적인 것들을 내려놓아야 하는 것이 때로는 외로울 수 있겠지만, 그만큼 더 깊이 하나님과 영적인 교제를 할 수 있으니 고통은 곧 축복이다. 환경과 상관없는 기쁨과 평안을 누릴 수 있는 것 또한 감사하다. 어쩌면 하나님만 바라보아야 하는 환경 자체가 사모에게만 주어진 최고의 은혜요, 감사의 조건인지도 모르겠다. 좋으신 하나님을 찬양하면서!

방패로 막으시리라

그동안 사모의 사역을 감당하면서 '뭐가 가장 힘이 들었을까?'를 생각해 보았다. '뭐가 가장 보람되었을까?'를 생각하지 않고 왜 힘이 들었던 것을 기억해 내려고 하는지 피식 웃음이 나왔다.

굳이 말하자면, 어려웠던 기억이 4 대 6 정도로 조금 더 크게 남아 있다. 불과 2점 차이이고, 보람되고 기뻤던 기억이 4점이고, 어려웠던 기억이 6점인데, 어려웠던 기억에 눌려서 600점 이상의 무게로 내 마음을 누르는 것만 같았다.

목회 중 어려웠던 일을 말한다는 것은, 뭐랄까? 마치 여자들이 아기를 낳을 때 얼마나 힘이 들었는지, 남자들이 군대에서 얼마나 많이 고생했는지 말하는 듯한 무용담 같았고, 어쩐지 떠벌리고 싶은 비슷한 심리인지도 모르겠다. 어쨌거나 사람들은 좋았던 순간보다 힘들었던 순간을 더 잘 기억하는 것 같다.

목회 40년을 되돌아보니 기쁜 일, 보람된 일, 힘들고 어려운 일 등 이런저런 일들이 참 많았다. 그중에서 듣기 싫은 '말'을 참 견디기 힘들어 했던 것 같다. 마음이 넓거나 통이 크지 못한데다가 가능하면 실수하지 않으려는 완벽주의적인 성격이어서 그랬을까?

누구나 그렇겠지만 나는 누가 싫은 소리하는 것을 유난히 힘들어했다. 지금 생각하면 별일도 아닌데 뭘 그리도 신경 쓰고 힘들어했을까 싶지만 젊었을 때는 억울한 말을 들으면 그 말이 화살처럼 가슴에 박혀서 며칠 동안 잠도 잘 오지 않았다.

철없다고 해도, 나는 사모이기에 무조건 참아야 한다는 조언에는 동의할 수 없었다(한창 혈기가 왕성할 때의 일이다). 사모는 사모의 사명을 감당하고 교인은 교인의 사명을 감당하는 것인데, 누가 누구에게 상처 주는 말을 할 권리는 없다고 생각했다. 더구나 교인들이 헌금을 해서 목사를 먹여 살린다고 생각하고, 스스로 '고용주'의 입장에서 '고용인'으로 목사나 사모를 대하는 언행은 참기가 어려웠다.

원래 믿음으로 헌금을 하는 사람은 뒷말을 하지 않는다. 헌금이 은혜롭게 쓰이도록 기도하고 헌금한 후에는 잊어버린다. 공치사를 하지 않는다. 헌금을 하지 않는 사람들이 재정에 대해 이런저런 뒷말들을 한다.

이민 목회를 하는 동안, 생활비를 제대로 받아 본 적이 거의 없었다. 십여 년이 지나 교회가 자립하게 될 때까지 일을 하거나 나라에서 나오는 수당으로 최저 생활을 했다.

이민 목회는 한국 목회와는 다르다. 우스갯소리로 목사는 '머슴'이고 사모는 '식모(그때는 이렇게 불렀다)'라고 했다. 한국에서 오는 교인들을 공항에서 영접해서 학교며 은행, 집이며 자동차, 온갖 일을 도와주면서 한 가정이 정착하는데 몇 개월은 족히 걸렸다. 그 시간 동안 정말 머슴같이 쫓아다니며 일을 도왔다.

화창한 봄날 오후, 우리가 빌려 쓰던 호주 교회 교육관에서 교인 몇 분과 담소를 나누고 있었다. 한국을 떠난 지 얼마 되지 않은 그들은 한국과 호주의 삶 중에서 본인에게 유리한 것만 적용하고자 했는데,

신앙생활도 마찬가지였다. 교회 행정이 자기한테 불리하면 호주식으로 하자고 하고, 자기한테 불리하면 한국식으로 하자고 했다.

한국의 대형 교회와 비교하며 아담한 이민 교회를 은근히 무시하는 사람들도 있었다. 이야기 하는 도중에 예전 교회 목사님의 호칭을 꼭 '우리 목사님'이라고 했다. 그 '우리 목사님'은 눈앞에 앉아서 이야기를 나누는 목사가 아니었고, 한국에 있는 '담임목사님'을 가리키고 있었다. '우리 교회'는 이렇게 했는데 여기는 그렇게 안 한다느니, 우리 목사님은 이러이러 했는데 여기는 좀 다르다는 식으로 비교하는 일이 일상사였다.

한국에서 섬기던 교회를 자랑하는 것 같지만, 듣다 보면 이곳의 이민 교회를 은근히 무시하는 가시 돋힌 말이었다. 그러나 조금 더 이야기를 나누다 보면 한국 교회에서도 그리 성실하게 신앙생활을 하지 않았던 것이 드러나곤 했다.

이민자들은 뿌리 뽑힌 나무 같아서 뿌리를 내리기까지 한동안 몸살을 한다. 한국에서 제아무리 난다 긴다 하던 사람들도 해외에 떨어지면 일단 언어의 장벽에 부딪혀서 엄청난 스트레스에 놓이게 마련이었다. 그렇게 쌓인 이민 스트레스를 만만한 사모에게 터트리기 일쑤였다.

그중에는 가시 돋친 말을 쉽게 던지는 사람이 있었다. 그들은 자기 말이 남에게 얼마나 상처가 되는지를 잘 모르는 것 같았다. 화살처럼 가슴에 박힌 그 말을 빼내지 못하고 피를 흘리고 있는 내가 문제였다.

사모가 조금이라도 자기보다 괜찮아 보이면 지적하려고 든다. 젊고 예뻐 보여도 안 되고, 뭘 잘해도 안 되고, 못하면 못해서 안 되고, 주는 것 없이 그냥 불편하고…. 적극적으로 교회 일에 참여해서 봉사는 하지 않으면서 다른 사람이 한 일에 대해 부정적인 평가만 하려는 사람들이었다.

그날도 앞에 앉았던 사람이 한마디 말을 툭 던졌다. 어떤 내용인지 다 잊어버렸는데 강도가 10이라면 9 정도는 되어 보이는 꽤 센 발언이었다고 기억된다. 저런 말이라면 속이 상해서 아마 며칠 밤을 잠 못 이루고 끙끙 앓아야 할 것 같았다. 나는 날카로운 화살이 내 가슴에 날아와 박히는 순간 숨이 멈춘 것만 같았다.

그런데 참 이상한 일이 있었다. 분명히 날카롭게 날아든 화살 같은 말이었는데, 그 말이 나를 감싸고 있던 보이지 않는 투명한 막에 걸려 맥없이 땅에 떨어졌다. 그 말을 내 귀는 분명히 인식했고, 날카롭게 들린 것도 사실인데 어쩐지 그 말이 가슴에 꽂히지 않았던 것이다. 아프지 않았다. 정말 희한한 경험이었다.

그 일은 내게 큰 힘이 되었다. 때로 견디지 못할 일이 생기면 하나님이 막아 주신다는 믿음을 주셨다. 혹시 지금 닥친 어려움이 있다면, 그것은 내가 감당할 만한 힘이 있어서 하나님께서 허락하신 것임을 나는 확실히 믿는다.

성경은 하나님께서 우리가 감당치 못할 시험 당함을 허락하지 않으신다고 했다. 지금 곧 죽을 것만 같고 힘이 하나도 없는 것 같아도,

나보다 나를 더 잘 아시는 하나님은 내게 힘이 남아 있다는 것을 보여 주시는 것만 같았다. 정말 죽을 것 같지만, 어느새 단단한 방패로 막아 주셨다는 것을 알게 하시니 말이다.

#9　　　　　　　　　　지금 당장 부르신다고 해도

갑각류는 속살이 연하고 부드러워서 딱딱한 껍질로 보호하고 있는 바닷가재나 게 같은 종류를 말한다. 실제로 바닷가재는 죽을 때 고통을 많이 느낀다고 알려져서, 바닷가재를 회로 먹는 것을 반대하는 동물 보호 단체도 있다.

내 주변에도 '갑각류과'라고 부를 만한 사람들이 있다. 겉으로 보기에는 냉정하고 차가워 보이지만 마음속은 누구보다 여려서 상처를 받을까 봐 자기 보호막을 치고 남들이 접근하지 못하게 막는 사람들을 갑각류과라고 한다.

나 역시 갑각류과라고 생각한다. 차갑고 냉정하다지만 마음속은 따뜻하다 못해 뜨거운 눈물이 항상 흐르고 있다. 타인에게 무관심한 척해서 교인들도 눈치채지 못하지만, 내 안테나는 항상 교인들을 향해 열려 있었다. 그들에게 기쁜 일이 생기면 나도 기뻤고, 그들에게 아픈 일이 생기면 내 일처럼 마음이 아팠다.

교회에는 언제나 여러 교인이 있어서 걱정을 끼치기도 하고, 마음을 상하게 하기도 한다. 한 번도 좋은 이야기는 하지 않고 끊임없이 허물만 들추는 나쁜(?) 교인도 있다.

그래서 하나님은 목회자에게 부모의 마음을 주시는가 보다. 참 신기한 것은 성도들을 대하면 나이와 상관없이 내가 돌보아야 할 자녀처럼 느껴진다. 자식이 아홉 가지를 잘못해도 한 가지만 잘하면 동네방네 자랑하고 다니는 주책없는 어미처럼 나도 그렇다.

아무리 마음을 상하게 하던 교인이라도 어느 순간 신앙생활을 잘하면 좋아서 입이 저절로 헤~ 벌어진다. 이전에 속상하게 했던 일은 다 잊어버리고 생각도 나지 않는다. 차갑게 보이는 겉모습과는 달리 나도 따뜻한 사람이라고 말하고 싶은 걸 보니 나는 영락없는 갑각류과가 분명하다.

또 하나, 나는 종말론적인 신앙이다. 다시 말하면, 지금 당장 주님이 부르신다 해도 그날이 내게 주어진 최선의 날이라고 믿는다.

어느덧 18년이 지난 일이다. 호주에서 목회할 때였는데, 이유를 알 수 없이 며칠째 속이 더부룩했다. 워낙 건강하다고 믿었고, 건강 상태에 대해 그다지 신경을 쓰지 않았던 터라서 그냥 그렇게 넘어갔다.

그러다가 우연히 사모들이 모인 자리에서 속이 더부룩하다는 이야기를 하게 되었다. 한국에서 간호사였다는 사모가 피 검사를 해 봤냐고 물었고, 피 검사를 하면 많은 병을 발견할 수 있다며 꼭 해 보라고 했다. 그때까지 피 검사를 한 적이 없었던 나는 집으로 돌아오는 길에 GP(가정 주치의)에게 피 검사를 의뢰했다. 일주일 쯤 지나서 검사 결과를 알리는 전화가 왔다.

"이런 말을 하게 되어 유감인데…."

그녀는 말을 잇지 않고 잠시 머뭇거렸다.

'무슨 일이지?' 나는 좋지 않은 분위기를 느끼며 긴장된 마음으로 다음 말을 기다렸다. 잠깐 뜸을 들이던 그녀는 피 검사 결과 내가 당뇨 환자라는 것이 확인되었다고 했다.

그런데 이상한 기분이었다. 당뇨 환자라는 확진을 듣는 순간, 웬일인지 이해할 수 없는 기쁨이 솟았다. 그동안 내가 받은 스트레스는 암 환자가 되고도 남을 정도였는데 하나님께서 당뇨 환자로 바꾸셨다는 터무니없는(?) 확신이 들었다. 이해되지 않는 감정이지만 하나님이 나를 알아차리셨다는 사실이 정말 기쁘게 했다.

그 무렵, 30대 후반의 젊은 사람이 스트레스가 원인이 되어 질병으로 갑자기 사망한 사건이 있었다. 스트레스의 정도를 말한다면 그 사람보다 내가 먼저 죽었어야 했다. 건강해서 평소 병원에 갈 일이 없었으니 당뇨라는 것을 알 수 없었을 테고, 튀김이나 초콜릿, 아이스크림 같은 음식을 즐겼으니 당뇨는 생각보다 빨리 진행되지 않았을까.

그렇게 당뇨가 방치된 상태로 시간이 흐르고, 증상이 심각해져서 당뇨 환자임이 밝혀졌다면 치료가 어려웠을 테고, 당뇨 후유증으로 건강에 치명적인 영향을 주었을 것이다. 운동도 안 하고, 음식 조절도 안 하고, 스트레스만 엄청나게 받고 있었으니 결과는 불 보듯 뻔한 일이었다.

당뇨 진단을 받고 운동을 시작하면서 피로감이 사라지고 오히려 예전보다 체력이 더 좋아졌다. 식이 요법과 운동을 병행하면서 더 건강해졌다. 속이 더부룩한 것과 당뇨는 상관이 없는데 우연히 모임에서 그 말을 한 덕분에 피 검사를 할 수 있었고, 아주 초기에 당뇨를 발견한 것이 우연의 일치일까? 아니면 사람들의 말처럼 운이 좋았던 걸까?

그날 이후 나는 생(生)과 사(死)가 하나님의 손 안에 있음을 머리가 아니라 마음으로 믿었다. 나는 내 인생을 정확하게 인도하고 계시는 하나님을 신뢰한다. 만일 오늘 당장 하나님이 부르신다 해도 그날이 내게 가장 적합한 날이요, 최고의 날임을 고백한다. 할렐루야!

#10   사모! 부르심이다

목사는 부르심(calling)이다. 우리나라는 고등학교 졸업 후에 바로 신학교를 가지만 외국에서는 각자의 직업을 가지고 사회생활을 하다가 뒤늦게 소명(calling)을 받고 신학을 공부해 목사가 되는 경우가 대부분이다. 그래서 목사의 전직이 모두 다르다.

처음 외국에서 "목사가 되기 전 남편의 직업이 뭐였죠?"라는 질문이 많았다. 고등학교 졸업 후 바로 신학을 했기 때문에 전직이 없다고 대답하면 신기하다는 표정으로 "그래요?"라고 되묻던 생각이 난다.

우리나라는 부르심과 상관없이 대학 진학을 위해 갑작스레 신학을 하기로 결정하는 경우가 의외로 많았다. 그렇다면 목사가 된 후에 진로에 대해 갈등하고 문제를 발견하면서 시행착오를 겪지 않겠는가?

하나님과의 관계는 일대일이다. 하나님의 부르심에 직접 응답했던 경험이 있다면 기본적인 신앙의 갈등은 겪지 않아도 될 것이다. 그러나 그렇지 않은 목회자들이라면 신학을 하고 목사가 되는 과정이 조금 더 엄격(?)해야 하지 않을까 싶다.

지금 와서 되돌아보니 내 인생이지만 내가 무언가를 결정하고 방향을 정했던 순간은 별로 없었던 듯하다. 모든 일은 교회나 남편이 결정했고 나는 따르는 편이었다. 물론 '저녁 반찬은 무엇을 할까?' 같은 자질구레한 일은 내 결정이었지만, 정말 중요한 사건들은 내 의지나 감정과는 상관없었다.

사모이기에 타인에 의해 정해진 그 길을 그냥 따라가야만 했다. 주님이 원하시는 길이기에 구레네 시몬처럼 억지로라도 걸어야 하는 경우가 대부분이었다.

내가 결정한 일이라면 내가 그 결과를 책임지는 것은 당연한 일이다. 만일 내가 결정한 일이나 잘못으로 어려움을 당했다면 좀 덜 억울할 것 같다. 그런데 나와는 상관없이 결정된 일로 벌어진 후폭풍과 후유증을 고스란히 감당할 때는 억울함과 속상함으로 속이 새까맣게 타들어갔다.

실제로 몸을 움직이며 교회 일을 하는 것은 그리 힘들지 않았다. 그동안 몸이 상할 정도로 일을 해야 했고, 정말 열심히 했다. 오죽했으면 '만일 주를 위해 열심히 일하는 것으로 천국에 간다면 나는 일고여덟 번은 갔을 것'이라는 농담을 다 했을까? 일보다 마음고생이 힘들게 했다.

사모란 누굴까? 글쎄, 뭐라고 하면 좋을까? 어느 교단에서는 교인들이 사모의 얼굴을 모르는 것을 미덕으로 안다고 한다. 그만큼 사모가 앞에 나타나지 않는 것을 바람직하게 여긴다는 뜻일 것이다.

목사님을 보필하고 살림만 하는 것이 사모의 미덕이라는 19세기식 보수 교단이 있는가 하면, 사모가 목사와 같이 동역자로 감당하기를 바라는 진보 교단도 있다. 도대체 사모는 어찌해야 좋은지, 어디에 모범 답안이 있는지 참 답답한 일이다.

예전에는 사모가 되면 당연히 직장을 그만 두어야 했지만 지금은 그렇지 않다. 가치관이 달라지고 시대가 달라서 사모라고 해서 직장을 반드시 그만 두지는 않는다. 이제 막 개척한 교회라면 생활 자체를 유지하기 위해 직장 생활을 계속해야 하는 경우도 있고, 전문직의 경우 경단녀(경력 단절 여성)가 되기를 원치 않는다. 재능을 쓰임 받고 자기 계발을 위해 직장 생활을 계속하기도 한다.

목회자의 재직 교회에 따라 직장인 사모를 용납하기도 하고, 사모라면 교회 일만 집중해야 한다는 전제가 있기도 하다. 이처럼 개교회의 상황에 따라 적용 범위가 달라서 정말 사모 노릇이 쉽지 않다.

직장 생활을 하는 사모들은 교회 일을 제대로 하지 못하는 것만 같아서 죄책감에 시달린다고 한다. 이런 죄책감을 털어버리라고 권면하고 싶다.

누구나 다 자기가 감당할 역할이 있다. '사모는 이래야 한다'는 모범 답안은 어디에도 없다. 전적으로 교회 일에 헌신하는 사모이든, 직장 생활을 하는 사모이든, 내가 서 있는 그곳이 똑같이 주님이 부르신 사명의 일터라는 것을 잊지 않았으면 좋겠다.

하나님이 내 남편을 '목사'로 부르셨듯이, 나는 '사모'로 부르셨다. 단순히 목사인 남편을 만나서 결혼했기 때문에 사모가 된 것이 아니라는 뜻이다. 부르심에 대한 확신을 가졌다면 여선교회를 휘어잡고 대장 노릇을 하면서 대리 만족을 할 필요가 없다.

'사모님'이라는 호칭에 붕 떠서 정신없이 그쪽으로 따라가다가 문득 정신을 차리면 '도대체 나는 지금 무엇을 하고 있는가?' 하는 갈등에 빠지기도 할 것이다. 하나님의 부르심을 바라보면서 하나님과 일대일의 깊은 영적인 관계에 들어가면 사람의 말이나 평가에 휘둘리지 않는다.

나는 사모도 부르심이라고 생각한다. 목사 뒤에 그림자처럼 숨어야 하는 존재가 아니다. 주님이 우리를 '사모'로 지명해서 부르셨다. 사모 역할 자체가 곧 부르심이다. 부르심에 대한 확신이 없으면 사모는 평생 이런저런 갈등 속에서 살아야 한다.

모든 교인과 잘 지내면 그보다 좋을 것이 없겠지만, 사모도 사람인지라 대하기가 불편한 교인이 있다. 아무리 사모라도 자신의 행동에 대해 사사건건 트집을 잡고 뒷말을 하는 교인들을 보면 마음이 편할수 없다. 주님이 사랑하라고 맡기신 사람들에게서 받은 상처 때문에 막상 주님을 바라볼 마음의 여유를 잃어버릴 수도 있다.

목회 내내 사람과의 관계에 시달리다 보면, 마침내 '사람을 잘 다루는 것'이 목회라고 하는 애매한(?) 결론에 도달하게 된다. 그래서 그런가? 교회의 주인은 하나님이신데 종종 사람이 주인이라고 느껴진다.

PART 2

아프면
아프다고 말해요

 S병원 로비에 앉아서 진료 차례를 기다리는데, 눈길을 끄는 화면이 있었다. '통증, 참지 말고 말해요(Speak up Pain)!' 즉, 통증을 어떻게 표현해야 하는지에 대한 안내였다. 도표에는 견디기 힘든 치통은 4번, 아기를 낳는 고통은 8번과 같은 식으로 통증 강도의 예를 1에서 10까지 숫자로 자세히 표시해 놓았다.

 환자가 의사를 만나면, '4번의 강도로 찌르는 듯이 아파요', '5번의 강도로 쥐어뜯는 것처럼 아파요'라고 하면서 통증 정도를 정확히 표현하라고 한다. 환자가 아프면 아프다고 말해야 하는 이유는, 어디가 어떻게 아픈지 말해야 의사가 도울 수 있기 때문이다.

 의사는 교육과 임상을 통해 많은 병을 알고 치료할 수 있지만, 그렇다고 모든 병을 다 아는 것은 아니다. 환자가 자신의 통증을 말하지 않으면서 '의사가 그것도 모르냐'고 한다면 어떨까?

 예전에는 잘 참으면 착한 환자라는 칭찬을 들었으나 세월이 바뀌자 무조건 참지 말고 자신의 통증을 정확히 표현하라는 교육을 하고 있다. 참 좋은 세상이다.

 그걸 보면서 뜬금없는 생각을 했다. '사모도 아픈 정도를 숫자로 표시할 수 있다면 얼마나 좋을까?'

 "아무개 교인 때문에 6의 강도로 마음이 칼로 찌르는 듯이 아파요."

 "교회 문제 때문에 8의 강도로 가슴이 아파서 숨을 쉴 수가 없어요."

사모가 이렇게 말하면 주위에서 "저런, 정말 힘들겠구나."라고 하며 아픔을 이해하고 공감해 준다면 얼마나 좋을까? 실제로 강도 8이나 9 정도의 아픔이 지속되면, 그 고통을 견딜 수 없어서 우울증이 생기기도 하고, 환경을 변화시킬 수 없는 자신에 대한 실망으로 무기력증에 빠지기도 한다. 더 심해지면 살 의욕을 잃고 자살한다고 했다.

사모도 사람이다. 찌르면 아프고, 아프면 눈물이 난다. 가정의 문제일 수 있고, 경제적 문제일 수도 있다. 질병의 문제가 있기도 하며, 그 밖에 남에게는 말할 수도 없고 도무지 해결될 기미도 보이지 않는 문제 속에서 몸부림치고 있을 수 있다.

이때 무조건 참지 말고 아프면 아프다고 말해야 한다. 무조건 참으면, 몸에 병이 나든지, 마음과 감정에 병이 나든지 어딘가 반드시 병이 난다. 안 아픈 척, 괜찮은 척 참고 있다가 어느 날 갑자기 무너져 내리지 말고 아프면 아프다고 말하자.

더 늦기 전에 아프면 아프다고 말하세요! Speak up pain!

#12　　　　　　　　　　　　　　　　　염려는 불치병?

누구나 가끔 뒤를 돌아보아야 할 필요가 있다. 과거에 연연하라는 말이 아니라 과거의 내 모습을 돌이켜 보면, 지금 내가 얼마나 변화되어 있는지 새삼 느끼고, 하나님의 은혜가 감격으로 와 닿기 때문이다.

나는 정신적으로 커다란 질병 중의 하나인 '염려'라는 고질병을 가지고 있었다. 염려는 고쳐질 가망이 없이 마음 깊숙이 뿌리내린 나쁜 습관이었다. 아무리 염려하지 않으려고 해도 머릿속은 온갖 염려와 걱정이 꼬리에 꼬리를 물고 밤새도록 돌아다녔다. 나도 모르게 정신 없이 생각에 끌려 다니다 보면 어느새 날이 환하게 밝았다.

그렇게 밤을 새운 날은 머리가 깨질 듯이 아프고 몸은 천근만근 무거웠다. 염려한다고 해결되는 것도 아닌데 염려거리가 생기면 저절로 염려 속에 풍덩 빠져서 도무지 헤어 나오지 못했다.

언젠가 남편이 말했다.

"당신은 머리가 참 좋은 것 같아."

"왜요?"

분명히 칭찬하는 어투가 아니라서, 나는 무슨 일인가 하고 눈을 동그랗게 뜨면서 되물었다.

"나는 미처 생각하지도 못하는 일들을 일일이 생각해 내면서 염려하고 있으니 말이야."

결론적으로 말하면 '웬 염려가 그렇게 많으냐?'는 핀잔이었다. 기분이 언짢았지만 염려가 많은 것은 사실이니 할 말이 없어서 속으로 구시렁거렸다.

'누군 염려하고 싶어서 염려하나? 저절로 염려가 되니까 그렇지.'

그러나 내가 염려하고 걱정하던 많은 일이 실제로 일어나는 것을 보면서, 괜히 염려하는 게 아니라 다른 사람들보다 문제를 먼저 보는 것일 뿐이라고 자기합리화를 하곤 했다.

예배 시간에 '염려는 불신앙'이라는 메시지가 있었다. 나는 고개를 갸웃거렸다. '염려는 예민한 성격 때문인데, 불신앙이라니?' 하나님을 사랑하고 누구보다 열심히 믿었던 나는 이해가 되지 않았다.

그런데 이어서 '불신앙은 하나님을 떠나게 만든 근본적인 죄'라는 말을 들었을 때는 정신이 번쩍 들었다. 신앙생활을 하면서 '염려는 불신앙'이고, '불신앙은 곧 죄'라는 생각은 단 한 번도 해 본 적이 없었다. 어쩌면 그래서 아무 죄책감 없이 염려를 되풀이하고 있었는지도 모른다.

가만히 생각해 보니 대부분의 염려는, 하나님의 약속(말씀)을 믿지 못하는 불안에서 나온 것이었다. 내일 어떤 일이 생길지 몰라서 불안해하다 보니 마음속에 염려가 끊이지 않았다. 성경은 "아무것도 염려하지 말라"고 하는데, 나는 습관처럼 염려를 계속하고 있었다.

어쩌면 내가 해야 할 일(말씀을 믿고 순종하는 일)은 하지 않으면서, 하나님이 하시겠다는 일(염려를 해결하는 일)을 붙잡고, 내가 해결해 보겠다고 몸부림치는지도 모른다. 염려의 해결은 내가 할 수 없음을 미리 아시고, 그분께 다 맡기라고 하셨는데도 말이다.

> [6]아무것도 염려하지 말고 오직 모든 일에 기도와 간구로 너희 구할 것을 감사함으로 하나님께 아뢰라 [7]그리하면 모든 지각에 뛰어난 하나님의 평강이 그리스도 예수 안에서 너희 마음과 생각을 지키시리라 (빌 4:6-7)

염려하고 걱정하다 보면 스트레스가 엄청나게 쌓인다. 어떤 사람들은 스트레스를 받으면 입맛이 떨어진다던데 나는 스트레스를 받으면 먹는 것으로 푸는 체질이었다. 그러다가 40대 중반에 당뇨 진단을 받았다. 이제 스트레스 받았다고 해서 마음대로 먹을 수도 없었다.

"아무것도 염려하지 말고 감사하면서 기도해라."

빌립보서의 말씀은 화살처럼 날아와 내 마음 깊이 박혔다. 나는 '염려하지 않고 감사하면서 기도하는 훈련'을 해 보려고 결단했다. 그러나 막상 감사하며 기도하려고 하니, 감사할 수 없는 일들 속에서 감사한다는 것이 그리 쉽지 않았다.

오랫동안 내 안에 똬리를 틀고 나를 조정하던 염려는 내가 그만 두겠다고 해서 한순간에 그만 두어지는 것이 아니었다. 오히려 '이러다가 잘못되면 어쩌지?' 하는 더 큰 염려가 꼬리를 물었다. 나름 오기가 생겼다. 어쨌거나 염려 대신 감사하기로 마음을 정했으니 하는 데까지 해 보자.

하루는 교회 일로 커다란 염려거리가 생겼다. 싱크대 앞에서 생각에 잠긴 채 기계적으로 설거지를 했다. 머릿속은 온갖 염려로 인해 헤집어지고 잔뜩 헝클어져 있었다. 얼마나 힘이 들어야 염려에서 빠져나올 수 있는지를 그동안의 경험으로 익히 아는 나는 가슴 한구석이 아렸다.

그 순간, '염려 대신 감사하며 기도하기로 했잖아!' 하는 생각이 머리를 스쳤다. 하지만 이미 상할 대로 깊이 상한 마음은 딱딱하게 굳어버려서 도저히 감사할 마음이 생기지 않았다.

몇 초가 지났을까? 짧은 시간이었지만 아주 길게 느껴졌다. 감사하지도, 계속 염려하지도 못하고 엉거주춤 서 있다가 나도 모르게 부엌 바닥에 무릎을 꿇고 앉았다. 그러고는 소리를 내어 감사하다고 선포했다.

"이렇게 염려가 많은 저를, 이렇게 불신앙하는 저를 구원해 주시고 사랑해 주셔서 감사합니다. 주님!"

감사가 입 안에 있을 때는 아무 효력이 없더니 감사를 선포하자마자 입 밖으로 나온 감사는 커다란 기적을 일으켰다. 처음에는 형식적으로 하던 감사였는데 반복해서 감사를 선포하다 보니 마음속에서 진심으로 감사가 우러난 것이다.

나는 감사를 선포하면서 내 머릿속을 제 집같이 헤집던 염려와 걱정을 '예수 그리스도의 이름'으로 몰아내 버렸다. 그러자 정말 거짓말처럼 염려는 내 안에서 사라졌다. 부엌 바닥에 엎드려서 감사를 선포한 것이 염려를 이긴 첫 번째 시작이었다.

그 이후 나는 감사를 선포하며 염려를 몰아내는 훈련을 계속했다. 오랫동안 내 생각과 마음을 쥐고 흔들던 염려는 생각만큼 단숨에 사라지지는 않았다. 마음은 여전히 싸하게 아팠고 밤잠을 설치는 것도 매한가지였다. 마음속에 염려가 가득해도 나는 먼저 감사하다고 선포했다.

구원하신 하나님의 은혜에 대한 감사, 불신앙하는 내 모습을 그대로 사랑하시는 하나님의 사랑에 대한 감사, 그렇게 감사를 반복하면 신기하게도 염려가 사라지곤 했다. 감사는 염려를 이기는 날 선 검과 같은 영적 무기였다.

　시간이 지나자 정말 신기하게도 염려가 내 마음과 생각에 들어왔다가도 금세 사라져 버리는 것을 느끼게 되었다. 몇날 며칠 밤을 새며 염려하던 때를 생각하면 정말 기적과도 같은 일이었다.

　염려가 불치병이라고 스스로 말할 정도로 염려가 많던 내가 이제는 염려하려면 머리부터 아파서 오래 염려할 수가 없다. 하나님이 치유하신 것이다. 나 같이 중증(?)의 환자를 치유하셨다면 이 치유는 누구에게나 가능한 일이 아닐까?

#13   가면 우울증

　우울증은 만사가 귀찮고 무기력하며, 우울한 나머지 죽고 싶은 마음이 들기도 하는 병이다. 우울한 감정이 드러나지 않고 내면에 숨어 있다고 해서 '가면 우울증(masked depression)'이라고 하는데, 속은 곪았지만 웃는 모습을 보이려고 한다고 해서 '스마일 마스크 증후군(Smile mask syndrome)'이라고도 불린다.

　이 증상은 감정을 솔직히 드러내지 못하는 동양 문화권에서 많이 발견된다. 또한 감정을 숨기고 항상 웃는 표정을 지어야 하는 서비스업 종사자나 타인을 돌보아야 하는 스튜어디스 또는 간호사들, 오랜 시간 시부모를 모시는 며느리에게서 나타난다.

　가면 우울증 환자들은 감정을 숨기는 일에 익숙하다. 그래서 우울

염려가 불치병이라고 스스로 말할 정도로 염려가

많던 내가 이제는 염려하려면 머리부터 아파서

오래 염려할 수가 없다. 하나님이 치유하신 것이다.

나 같이 중증(?)의 환자를 치유하셨다면

이 치유는 누구에게나 가능한 일이 아닐까?

하다거나 괴롭다고 호소하지 않는다. 대신 스트레스를 받으면 몸에 이상이 생긴다. 심한 두통이나 소화불량, 가슴이나 목이 꽉 막힌 느낌이 든다. 우울증이 깊어지면 위장 기능에 문제가 생기기도 한다.

일반적으로 가면 우울증 환자는 웃고 있기 때문에 문제가 없거나 성격이 좋은 사람처럼 보인다. 하지만 실상은 우울함을 피하려고 도박이나 술, 섹스 등 쾌락에 빠진다. 게임이나 스마트폰에 중독되는 경향도 있다. 주위에서 깜짝 놀라도록 폭력적이 되기도 한다.

가면 우울증에 대해 이렇게 장황하게 언급한 이유는 어쩌면 목사나 사모의 사역은 서비스업이나 간호사, 스튜어디스, 시부모를 모시는 며느리를 모두 섞어 놓은 것과 비슷한지도 모른다는 생각이 들어서다.

가면 우울증에 취약한 대표적인 그룹은 아마도 '사모'가 아닐까 싶다. 그래도 목사님들은 대중 앞에서 설교를 하고 자신을 표현하며 주도적으로 목회를 끌어갈 수 있으니 가면 우울증에 걸릴 확률은 좀 낮을 것 같다.

그에 비하면 사모들은 가면 우울증의 최전선에 노출되어 있다. 교인들 앞에서는 천사와 같은 표정을 짓고 있지만 속은 곪아 터져서 영혼 없는 미소를 날리고 있는 사모님들. 목회를 하다 보면 크고 작은 문제에 노출되기 쉽다.

목회를 하면서 단 한 번도 어려움을 겪지 않는 사모는 없다. 하나님의 아들이신 예수님도 반대하고 비난받으셨는데, 불완전한 우리의 목회 현장에서 비난받으며 크고 작은 상처를 받는 것은 어쩌면 당연한 일인지도 모르겠다.

사모도 사람인지라 고통스러운 문제가 닥치면 일단 피하고 싶은 마음이 먼저 든다. 나는 가끔씩 '왜 하나님은 한 번도 나를 실망시키거나 아프게 하시지 않는데, 그분이 사랑하라고 맡겨 주신 사람들은 나를 이렇게 아프게 할까?'라고 생각한 적이 있었다.

언젠가 동남아에 선교사로 파송되었던 사모님이 문화 충격을 이기지 못하고 우울증으로 되돌아온 적이 있었다. 그때 '사모가 믿음이 없어서 저렇게 됐다'고 뒤에서 수근거리는 소리를 들으면서 마음이 너무 아팠다.

사모는 하나님과 사람의 중간 쯤 되는 존재가 아니라 그냥 보통 사람이다. 때리면 아프고, 날카로운 말로 찌르면 눈물이 난다.

여느 사람들은 자기와 코드가 맞는 사람들과 잘 사귀면 된다. 하지만 사모는 자신의 호불호와는 상관없이 모든 사람과 좋은 관계를 유지해야만 한다. 혹시라도 교회나 교인들과 코드가 맞지 않으면 그야말로 고통의 연속이다.

그래도 사모는 미소를 지어야 한다. 미소 짓고 있는 사모를 보며 우울증을 연상하는 사람은 없다. 가면 우울증에서 벗어나는 길은 현재 나를 억누르고 있는 환경에서 벗어나 충분한 휴식을 취하는 것이라는데, 사모가 어디 환경을 벗어나 충분한 휴식을 취할 여건이 되는가? 그것이 문제로다.

오랜만에 지인들이 우리 집에 모여서 작은 파티를 했다. 파티라고 해 봐야 각자 준비한 간단한 음식을 나누어 먹으며 이야기 하는 정도 였지만 참 신이 났다. 해외에서 한국말로 떠들 수 있다는 것만으로도 스트레스가 확 풀리는 즐거운 시간이었다.

한참 웃고 떠들다 보니 각자 집으로 돌아갈 시간이었다. 아직 차가 없는 몇 분을 위해 운전기사를 자처했다.

우리 집에서 한 10분쯤 나가면 시내를 거치지 않고 외곽으로 통하 는 고속도로(free way)가 나온다. 돌아가는 길이어서 조금 멀지만 신호 등 없이 달릴 수 있어 시간이 절약되기 때문에 평소 애용하는 길이었 다. 환하게 가로등이 켜진 시내를 지나 고속도로에 들어섰는데 갑자 기 시야가 어두워지며 앞이 잘 보이지 않았다.

웬일일까? 생각해 보니 미등(small light)만 켠 채 운전을 하고 있었 다. 조금 전에 집을 빠져 나오면서 늦은 시간이라 혹시 이웃에게 방해 가 될까봐 미등만 켜고 살그머니 나왔는데, 그만 라이트를 켜는 것을 잊고 말았다.

라이트를 켜자 시야가 환하게 밝아졌다. 우리는 큰일날 뻔했다며 같이 웃었다. 이렇게 흔하게 지나가는 작은 일에서도 나는 많은 교훈 을 얻는다. 해외에서 살다 보면 예기치 않게 여러 가지 경험을 한다.

한국에서 신앙생활을 잘했다고 자처하던 사람들도 해외에 나오면 의외로 믿음이 없음을 자주 본다. 한국 교회에서 동경하던 '아무개 장로'나 '아무개 집사'의 흉내를 내는 것만 같았고, 외형은 그럴 듯하게 따라 하지만 막상 교회가 시험에 들고 흔들리면 가장 먼저 실족한다.

한국 교회에서는 집회에 참석을 잘하고 헌금만 잘해도 믿음이 있어 보인다. 그런 분위기에서는 자신과 타인의 믿음을 동일화하기가 쉽다. 내용이 아니라 형식을 배우다 보니 스스로 대단한 믿음을 가진 것처럼 착각하기도 한다.

그들은 신앙생활을 잘한 것 같고 교회 안에서는 믿음이 좋은 것 같아도, 해외 현지에 한 사람씩 떼어 놓으면 믿음 없음이 확연하게 드러난다. 자립 신앙이 되지 않는다. 마치 자기 차의 라이트를 켠 줄 알고 있었는데 다른 사람의 라이트에 의지하여 운전하는 것과 비슷하다고나 할까?

가로등이 환하게 켜져 있는 곳에서는 내가 라이트를 켜지 않아도 달릴 수가 있었다. 그러나 불이 없는 고속도로에 들어서니까 내가 켠 라이트가 없으니 앞이 제대로 보이지 않았다.

우리의 인생도 어두운 환경이 닥치면 자신이 라이트를 켰는지 아닌지를 알게 된다. 세계 어느 곳에 혼자 떨어져도 스스로 신앙을 지킬 수 있는 자립 신앙이 되지 않으면 믿음을 지킬 수 없다.

사모에게도 예외가 아니다. 사모이기 이전에 한 사람의 신앙인으로서 자립 신앙을 가지고 있는지 한번 생각해 볼 일이다. 혹시 지금 다른 사람들의 불빛에 의지하여 가고 있지는 않은가? 그리고 자신의 라이트가 켜져 있다고 착각하고 있지는 않은가?

칼은 두 가지 기능을 가지고 있다. 하나는 살리는 것이고, 하나는 죽이는 것이다. 사람을 살리기 위해서 칼로 요리를 하고, 사람을 살리기 위해 칼로 수술을 한다. 반면에 칼은 흉기가 되어 사람을 해치기도 한다.

말도 마찬가지다. 사람을 살리는 말이 있고 사람을 죽이는 말이 있다. 목회를 하다 보면 부정적이고 비판적인 말에 상처를 받을 때가 있다. 생각해 보면, 좋은 교인들이 참 많았는데 왜 얼마 되지 않는 부정적인 말들이 마음에 더 깊이 박혔는지 잘 모르겠다.

그때는 젊은 혈기 때문인지 그런 일들을 잘 참지 못했던 것 같다. 그렇다고 따질 수도 없고 그냥 속만 끓였다. 그들도 그리 잘한 것만은 아니면서, 왜 '사모는 당연히 참아야 한다'고 생각하며 거리낌 없이 가슴에 비수를 꽂았을까?

절제되지 않은 잔인한 언어의 화살을 날리면서도 사모는 어떤 상황도 잘 견디리라는 강한 믿음이 있었던 걸까? 왜 그들은 사모도 나이 어린 젊은 여자이고, 상처받기 쉬운 중년 여자이고, 갱년기를 겪으면서 노년기에 들어서는 나이 든 여자라는 사실을 알지 못할까?

전혀 사실이 아닌 말들은 대부분 뒷담화(?)였기 때문에 못 들은 척 넘어갈 수밖에 없었다. 설령 들었다 해도 억울하다고 따지는 것은 언감생심 꿈도 꿀 수 없었다.

수많은 말에 베어 만신창이가 되고, 속으로는 피를 철철 흘리면서도 겉은 멀쩡하게 그렇게 나는 살아남았다. 이런저런 일을 겪는 동안에 나름대로 애를 쓰고, 논리적으로 이해시켜 보려는 시도도 하고, 욕을(?) 안 먹으려고 열심히 봉사와 헌신을 하면서 가여우리만큼 자신을 혹사시켰다.

그러다 어느 날 갑자기 '사람들의 말을 막는다는 것은 불가능하다'는 사실이 벼락같이 깨달아졌다. 말은 흐르는 물과 같아서 막으면 다른 곳으로 넘쳐흐른다. 절대로 막을 수 없고 막아지지도 않는다. 방법은 단 하나! 내가 그 말에 상처를 받지 않는 것이다.

사람들이 하는 말들을 구태여 알려고 하지 말고, 말 한마디 한마디에 크게 영향도 받지 말고, 말하는 자! 그냥 말하게 내버려두고 묵묵히 나의 길을 가자.

어디서 들은 이야기였던가? '목사나 사모가 문제 삼지 않으면 교회에 문제는 없다'는 말이 있다. 나 자신이 중요하다면 쓸데없는 말들 때문에 만신창이가 될 이유가 없었다.

비행기를 타면 이륙하기 전에 비상시 주의 사항을 알려 준다. 전에는 승무원들이 직접 통로에 서서 산소마스크나 구명조끼를 사용하는 시범을 보여 주었지만, 요즈음은 이륙을 위해 비행기가 활주로로 이동하는 시간에 화면으로 띄운다.

여기에서 문제 하나! 만일 비행기가 비상 상황이 되어서 아기와 엄마 앞에 산소마스크 두 개가 내려온다면 누가 먼저 산소마스크를 써야 할까? 비행기를 타 본 사람들은 답을 알겠지만, 비행기를 처음 탔거나 주의사항을 관심 있게 보지 않은 사람들은 아마도 엄마니까 당연히 아기부터 챙겨야 한다고 할지도 모른다. 그런데 이 문제의 정답은 '엄마 먼저'다.

비상시 아기를 돌보고 보호해야 하는 엄마가 산소마스크를 먼저 쓰고 안전해진 다음에 아기에게 산소마스크를 씌워 주어야 한다. 이유는, 강한 사람이 안전해야 약한 사람을 도울 수 있기 때문이다. 아기에게 산소마스크를 씌우느라 시간을 놓쳐서 엄마가 의식을 잃어버리면, 아기가 아무리 산소마스크를 쓰고 있어도, 그 다음 비상사태에 대처할 능력이 없어진다. 결국 엄마가 살아야 아기도 산다.

'어머니'라는 단어가 주는 이미지가 사랑과 희생과 헌신의 상징이어서일까? 예전의 사모는 '영적인 어머니'라는 기대치를 받고 있었다. 아기를 위해 희생하고 헌신하는 엄마처럼, 사모도 최선을 다해 성도들을 돌보기를 기대한다.

사모가 살아야 교회가 산다. 사모가 행복해야 교회가 행복해진다. 사모를 행복하게 해 주자. 사모의 얼굴에서 미소를 되찾아 주자. 그리고 사모 자신이 스스로를 사랑해야 한다.

목회 30년이 지나고 50대 중반에 들어선 어느 날 문득 새로운 시도를 결심했다. '다른 사람을 사랑하시는 것처럼 하나님은 나를 사랑하시고, 내가 행복하기를 원하신다. 이제 남은 삶은 내가 행복한 길을 찾아가며 살겠다.'고 결단한 것이다.

오랜 시간 '사모'라는 역할에 찌들어 있던 나로서는 쉽지 않은 결단이었다. 내가 하던 일을 놓으면 교회가 제대로 돌아가지 않을 것 같은 불안도 있었고, 그래도 되나? 하는 갈등도 있었다. 목회 말고 '나'를 아껴야겠다는 생각을 한 것만으로도 죄책감이 들었다.

그러나 나는 확신이 있었다. 내가 우리 아이들이 행복하기를 바라듯이 하나님도 하나님의 자녀인 내가 행복하기를 원하신다는 확신이었다. 주의 일을 한다면서 무조건적인 희생과 탈진케 하는 헌신과 자기 학대에 가까운 사명감을 가지고 고통스럽게 살아가는 것을 원치 않으실 것이다. 물론 타인이나 목회에 피해를 줄 만한 일을 해서는 안 된다는 정확한 기준은 있었다.

하지만 오랫동안 팽개쳐 두었던 '나'를 사랑한다는 것은 생각처럼 쉽지 않았다. 그래서 작은 시도부터 시작하기로 결심했다.

1. 나를 위로하고 배려하며 나를 보고 웃어 준다. 예를 들어, 당연한 일을 한 후에도 거울 속의 나를 보고 웃으며 "수고했어. 잘했어." 하고 자신의 어깨를 두드려 준다.

2. 크고 작은 실수들을 허용한다. 혹시 실수를 하더라도 죄책감에 얽매이지 말고 "괜찮아. 그럴 수도 있지, 뭐!"라고 나에게 말해 준다. 며칠을 속상해하며 후회하지 않는다.

3. 하기 싫은 일은 억지로 하지 않고 즐겁게 할 수 있는 일을 찾는다. 내가 하지 않으면 큰일이 날 줄 알았는데 내가 없어도 아무런 문제가 되지 않았다. 어찌 보면 나는 십자가를 지는 것만이

사명이라고 생각하고 그것에서 스스로 만족감을 느끼며 한편으로는 자신을 학대했는지도 모르겠다.

4. 나에게 어느 정도 자유를 준다. 사모가 된 순간부터 '나'는 없었다. 개인의 희로애락도 없었다. 모든 것이 교회나 목회와 연관되어 있었고, 그것을 벗어나면 큰일 나는 줄 알았다. 그러나 이제는 그것이 무엇이든 한 달에 하루 정도는 나만의 시간을 가지려고 한다.

'나'를 사랑해야 하겠다는 생각이 드는 걸 보니, 나도 이제 나이가 들어가는 것 같다. 무엇보다도 하나님은 나를 사랑하시고 내가 고통 속에 빠지는 것을 원치 않으신다는 확신이 '나'를 사랑하는 일을 가능케 했다. 이 또한 하나님의 은혜임을 무한 감사하면서.

#16   **사모가 어떻게 그래요?**

목회를 하다 보면, 본의 아니게 교인들과 자주 상담을 하게 된다. 상처 입고 고통당하는 교인들의 아픔을 외면할 수 없어서 상담 전문가가 아니더라도 상담을 할 수밖에 없다. 교인들은 누구에게도 속 시원히 말할 수 없는 아픈 상처를, 목사나 사모에게는 털어 놓는다. 믿고 의지하려는 것이다. 그러므로 상담에는 기본적으로 알아야 하고 지켜야 할 것이 있다.

첫째는, 비밀 엄수다.

비밀 엄수는 몇 번을 강조해도 모자라지 않는다. 상담자는 어떤 경우에도 내담자(상담을 원하는 사람)의 비밀을 반드시 지켜줘야 한다. 극단적으로 말하자면, 비밀을 지킬 자신이 없으면 상담을 하면 안 된다.

목사나 사모에게 상담했던 내용들이 설교 예화에 등장하는 바람에 기절초풍을 했다는 교인도 있었다. 아무리 이름을 밝히지 않고 대강 이야기를 해도 본인은 물론이고 다른 사람들도 그것이 누구의 이야기인지 대강 짐작한다. 비밀 엄수는 절대 잊지 말아야 할, 가장 상식적이고 기본적인 상담자의 매너다.

둘째는, 이성일 경우 목사와 단 둘이 상담하지 말아야 한다.

특히 젊은 여자 교인의 경우는 양해를 구한 후 사모와 동석하거나 아니면 사모에게 상담을 맡기는 것이 좋다. 그런데도 목사님과만 상담하기를 원한다면 차라리 전문 상담자에게 연결해 주어야 한다.

교인을 잃을까봐 교인이 하자는 대로 끌려 다니면 결국은 교인도 잃고 목회의 문제가 생길 수 있다. 교회 안에는 다양한 사람들이 있다. 때로 상상을 초월하는 사람도 있다. 조심하고 또 조심하지 않으면 꼼짝없이 굴레를 쓰게 된다.

어쩔 수 없이 이성 간에 개인 상담을 하게 되는 경우는 반드시 문을 반 정도 열어 놓는다. 그래야 밀폐 공간에서 일어날 수 있는 불필요한 감정에 몰입되는 것을 막아 준다.

셋째는, 시간을 엄수하는 것이다.

상담이라고 해서 내담자의 이야기를 몇 시간씩 무작정 들어 주어야 하는 것은 아니다. 전문 상담자가 아니면 오랫동안 내담자의 이야기를 들으면서 전이와 역전이가 일어나기도 한다. 적당한 선에서 끊어 주는 것은 매우 필요하고 중요한 일이다.

상담 시간은 일반적으로 50분 정도가 적당하다. 아무리 길어도 한 시간이 넘지 않도록 조절해야 한다. 정해진 시간이 되면 좀 아쉬운 감이 있더라도 다음 상담 시간을 약속하고 기도로 마무리한다. 그래야 다음 상담 때까지 내담자가 감정 조절을 하고 생각도 정리하게 된다.

사모가 교인들을 상담해야 할 경우가 많아진다면 상담에 대한 기본적인 공부를 하는 것이 꼭 필요하다. 사모 역시 교인들의 상담만 해 줄 것이 아니라 믿을 만한 사람이나 기관에서 본인의 상담도 받아야 한다. 내 안에 쌓인 상처들이 터지기 전에 자신을 직면하고 돌아보고

'사모의 전화' 임원들.
사모 역시 교인들의 상담만
해 줄 것이 아니라
믿을 만한 사람이나 기관에서
본인의 상담도 받아야 한다.

진단하여 조금씩 바람을 빼고 치유하는 과정이 꼭 필요하다.

그러나 사모들은 한결같이 '내가 더 참아야지' 하며 자신이 죽어 가는 것은 알지 못했다. 금방이라도 숨이 넘어갈 것 같은 환경인데도 더 노력하고 더 기도해야 한다고 생각한다. 그러나 내가 살아야 교회도 있고, 목회도 있고, 남편도 있고, 자식도 있다.

이혼, 사모가 어떻게 그래요?

A사모가 전화를 했다. 남편과의 문제로 더 이상 버티지 못하겠다고, 죽을 것 같아서 전화를 했단다. 그녀는 성장한 두 아들의 엄마이며 결혼한 지 21년이 되었다. 남편은 별 이상 없이 목회를 잘 하고 있는 것처럼 보였다.

그런데 집에만 들어오면 돌변한다고 했다. 편집증 환자처럼 의심이 많고 모든 것을 아내의 탓으로 돌리고 끊임없이 자신을 비난한다고 했다. 기분이 안 좋으면 가끔씩 폭력을 행사했다.

A사모는 20년이 넘도록 남편에게서 비난을 받다 보니 자신감도 없어지고 무기력감이 생겼다. 아들들이 어렸을 때는 엄마가 힘들어하는 것을 보면서 아빠를 미워했다. '아빠를 죽이고 싶다'고도 했다는 것이다. 그런데 성인이 된 지금은 '아빠를 버리지 말아 달라'고 한다. 자신과 아빠를 동일시하고 버림받을까 봐 두려워하고 있는 것 같았다.

부모의 갈등을 보고 자란 아들들도 정신과 정서가 건강한 상태가 아니다. 아빠를 버리지 말라는 아들들의 말을 듣자 A사모는 깊은 배신감을 느꼈다. 이제껏 아들들만 믿고 살아왔는데 아들들이 자신의 고통을 이해하지 못한다고 생각을 하니 만사가 귀찮고 무기력증에 빠진 것 같다.

이제껏 간신히 버티어 온 A사모의 마음에 감당하기 어려운 커다란 돌덩이가 하나 더 얹어진 기분이다. 이 끊임없는 고통이 언제나 끝날지 도무지 앞이 보이지 않는다.

남편을 간신히 달래서 정신과 진료를 한 결과, 성격 장애와 분노 조절 장애 상태였다. 의사는 약을 처방해 주었다. 하지만 남편은 약을 먹지 않을 뿐더러 약을 먹으라고 하면 불같이 화를 냈다. 약을 먹지 않으니 상태는 점점 더 악화되어 갔다.

더 이상 버틸 힘이 없어진 A사모는 차라리 이혼하고 싶다고 했다. 정말 이혼을 할 것이냐고 묻자 마음속으로는 골백번도 더 이혼을 결심했다는 것이다. 그러다가 "그래도 계속 기도하면서 내가 썩는 밀알이 되어야지요. 이혼하고 싶지만 사모가 어떻게 그래요?" A사모는 말하다 말고 펑펑 울었다.

Advice 2
교인에게 사모가 어떻게 그래요?

B사모는 자기를 끊임없이 괴롭히는 교인 때문에 속앓이를 하고 있다. 돌싱인 여집사는 교회 일에 아주 열심이다. 헌금도 많이 한다. 일꾼이 적은 교회에서 이 집사는 매우 소중한 존재다. 문제는 목사를 향한 그녀의 관심이 지나치다는 것이다.

목사가 가는 모든 곳에 동행하고 때로 아이가 아프기라도 하면, '사모님은 집에 계시라'고 하고는 자기가 혼자 심방에 동행을 했다. 그리고 뒤에서는 '사모가 심방도 안 하고 제대로 사모 노릇도 못한다'며 흉을 보았다. 아무리 의식하지 않으려 해도 B사모의 주위를 맴돌면서 사사건건 트집을 잡고 교묘하게 신경을 거스르니 의식하지 않을 수 없었다.

교회에 올 때 그녀는 풀 메이크업에 한껏 멋을 부리고 나타난다. 아직 아이가 어려 꾸밀 시간이 마땅치 않은 B사모는 자신이 초라해 보이고, 그녀와 비교가 되는 것 같아 마음이 늘 불편하다.

또 다른 문제는 미지근한 남편의 태도다. 남편은 자기를 향한 이 집사의 관심을 알면서도 모르는 척하는 것 같다. 은근히 그녀의 시선을 즐기는 것 같기도 하다. 작은 교회라서 평일 낮에 교회에 나올 수 있는 교인들이 별로 없다 보니 회의실 테이블에 이 집사와 단 둘이 앉아서 교회 일을 의논하는 경우가 종종 있다. 둘이서 교회에 필요한 비품을 사러 다니기도 한다.

B사모가 '단 둘이 있는 것이 신경이 쓰이니 문을 열어 놓고 얘기하면 안 되냐'고 했더니 '교회 일을 하는데 별 쓸데없는 소리를 다 한다'고 오히려 화를 냈다. 남편이 선을 그어 주지 않으니 그녀의 행동이 조금씩 더 대담해지는 것 같다.

어제는 정말 참을 수 없이 화가 났다. 오랜만에 아이를 맡겨 놓고 남편이 운전하는 교회 차를 타고 심방을 갔다. 이 집사는 "사모님은 뒤에 타세요." 하고는 자기가 얼른 앞자리 남편 옆에 앉았다. 그걸 보면서도 남편은 아무 말도 하지 않았다.

순간 남편에게 서운한 마음이 들었다. 심방 가는 내내 앞 좌석에 나란히 앉은 두 사람은 화기애애하게 대화를 나누었다. 뒤에 앉은 사모에게는 아무도 관심을 가지지 않았다. 마치 손님처럼 뒤에 앉아 앞에 앉은 두 사람의 머리를 보면서 마음이 불편하기만 했다.

"교회 일에 열심인 교인에게 제가 불필요한 오해를 하면 안 되겠지요?"

B사모가 자신 없는 목소리로 물었다.

어떤 경우라도 남녀가 단 둘이 방에 있을 때 문을 조금 열어 놓는 것은 기본 예의

이니 남편이 알아듣게 잘 설명을 하라고 했다. 그리고 밀폐 공간인 차는 이성 간에 둘이 타는 일은 절대로 피해야 한다고 했다.

운전하는 남편의 옆자리는 아내의 자리니까 그 자리는 다른 여자에게 양보하면 안된다고도 했다. 또 그런 경우가 생기면 농담처럼 웃으면서 "집사님, 여기는 제 자린데요?" 하고 선을 그어 주라고 했더니 B사모가 조그맣게 말했다.

"사모가 교인한테 어떻게 그래요?"

힘들다고, 사모가 어떻게 그래요?

C사모는 영적으로 바닥에 떨어져 있다. 기도도 안 되고 만사가 귀찮고 건강도 최악의 상태다. 개척한 지 10년이 되어 가는 교회는 여전히 교인이 10명도 되지 않는다.

동기들이 보내 주는 개척 교회 후원비와 친정에서 보태어 주는 비용으로 간신히 생활을 꾸리고 있다. 긴 시간 친정에 의지하다 보니 이제는 친정 식구 보기도 민망하다. 개척을 시작할 때는 '열심히 하면 되겠지' 하는 기대감이 있었다. 그런데 시간이 흐를수록 지치고 힘이 든다.

그동안 많은 교인이 교회를 스쳐 지나갔다. 아주 가끔 열심인 교인들이 오기도 했다. 그런데 이상하게도 결말은 그리 좋지 않았다.

개척하고 몇 년 되지 않아서 등록했던 교인 하나는 1년여 동안 헌금도 꼬박꼬박

하고 모든 예배에 빠짐없이 참석했다. 자기 아버지가 개척 교회 목사였기에 개척 교회를 보면 마음이 아프고 돕고 싶다고 했다.

목사를 비롯해서 모든 교인은 일꾼을 보내 달라는 기도의 응답이라고 믿고 그를 신임하게 되었다. 그는 자연히 재정부를 맡게 되었다. 재정부를 맡으면서 교회가 어려워도 목사님 사례는 해야 한다면서 몇 십만 원을 사례로 작정하고 실제로 두어 달 사례비를 지급했다.

C사모에게는 꿈과 같은 일이었다. 뭔가 일이 될 것 같은 가슴 설렘에 정말 열심히 교회 부흥을 위해 기도를 했다. 친정에서 교회가 부흥될 것 같으니까 자기한테 더 이상 신경 쓰지 않아도 된다고 큰소리까지 치고 왔다.

그런데 어느 날 그 교인은 지하 교회에서 이층 전세로 올라갈 꿈을 꾸며 저축하고 있던 교회 전 재산과 그 주일 헌금을 몽땅 들고 사라졌다. 그 사실을 안 순간 사모는 정말 눈앞이 캄캄해졌다.

그 와중에 마음이 약한 남편이 보증까지 서 준 것을 알았다. 다행히 큰 피해는 없었지만 한동안 그 일을 뒤치다꺼리 하느라고 힘이 들었다. 보증은 절대로 서면 안 되겠다는 것을 깨닫게 한 사건이었지만 나중에 비슷한 일이 생기면 귀 얇은 남편이 또 어떻게 할지 걱정이다. 그 일은 C사모에게 큰 트라우마가 되었다.

요즈음은 누가 새로 오면 '어떤 사람일까?' 하고 경계를 하게 된다. 때로는 교인들이 무섭다는 생각도 든다. 그러다 보니 새로 왔던 사람들도 사랑이 없다느니, 차갑다느니 하면서 떠나가기 일쑤다. 교인들이 떠날 때마다 C사모는 배신감과 상실감으로 자신이 더욱 피폐해지는 것을 느낀다.

교회 일로 남편과 다툼은 점점 잦아지고 때로는 남편이 보기 싫고 밉다는 생각도 든다. C사모는 주일에 교회에 가려면 마음부터 답답해진다. 예배를 마치고 집에 돌아오면 손가락 하나 까딱할 수 없는 피로감을 느낀다. 그러다 보니 남편과 하나 밖에 없는 아들에게 짜증을 부리고 곧 후회하는 일을 되풀이 하고 있다.

그래도 C사모는 교인들 앞에서는 아무렇지 않은 척 최선을 다해 사모의 역할을 감당하려고 한다. 남편도 겉으로는 씩씩해 보이는 C사모가 얼마나 지쳐 있는지는 잘 모르는 것 같다.

이런 악순환 속에서 C사모는 자기의 영혼과 육신과 정신과 마음이 만신창이가 되었다고 느끼고 더 이상 견딜 수 없을 것 같다는 위기감도 느낀다.

"어떻게 하면 좋을까요?"

C사모의 목소리는 낮고 힘이 없었다. 탈진한 것이 전화로도 느껴졌다. 혼자 해결하기 어렵고 너무 힘들면 자기 상태를 솔직히 이야기하고 남편이나 주위의 도움을 받아야 하지 않겠냐고 했더니 C사모는 한숨을 푹 쉬며 말했다.

"다들 힘든데 저만 힘들다고… 사모가 어떻게 그래요?"

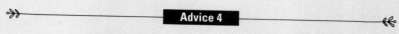

Advice 4

알바, 사모가 어떻게 그래요?

부목사 7년 차인 D사모는 마음이 복잡하다. 교회가 부흥되면서 후배 부목사들이 몇 명 들어왔다. 부목사 중에서는 가장 오래 됐고 나이가 많다 보니 듣기 좋게 '선임 부목사'라고 부르지만 '원로 부목사'라고 놀림도 받는다. 오래 있다 보니 교인들에게도 은근히 눈치가 보인다. 그렇다고 마땅히 옮겨 갈 교회도 없다.

다른 부목사들은 2~3년만 있으면 임지를 찾아서 잘도 나가던데 남편은 그런 능력이 안 되는가 싶으니 속이 상한다. 캠퍼스 커플로 학교 다닐 때는 실력 있고 멋진 남편이었는데 왜 이렇게 무능해졌는지 알다가도 모르겠다. 동기 목사들은 어느새 나름대로 자리를 잡았다. 오랜만에 동기 모임이라도 갈라치면 부목사는 자기들뿐이라 괜스레 주눅이 든다.

담임목사 사모와의 관계도 그리 쉽지 않다. 담임목사 사모는 사근사근하고 말 잘 듣는 후배 사모를 대놓고 더 예뻐하는 것 같다. 무슨 일을 시키든지 꼭 따로 불러서 일을 시킨다.

D사모는 교회의 일이 진행된 다음에 알게 되는 경우가 종종 있다. 자기만 모르는 일을 후배 부목사 사모들이 나누어서 해 나가는 것을 보면서 민망할 때도 있다. 물론 그들이 일을 야무지게 잘 하니 '그럴 수밖에 없겠지' 하고 생각하기는 하지만 서운한 것은 사실이다.

부목사 사모끼리 담임목사 사모의 사랑을 독차지하려는 눈에 보이지 않는 경쟁심역시 치열하다. 담임목사에게 잘 보여야 좋은 자리에 개척을 하도록 교회에서 후원을 해 주기 때문이다.

요즈음 가장 큰 고민은 얼마 되지 않는 생활비로는 아이들 과외비를 충당할 수가 없어서 그게 걱정이다. 남들 다 시키는 과외 중 한두 개만 시키려 해도 헌금과 십일조를 하고 나면 100만 원이 간신히 될까 말까 한 생활비로는 어림도 없다. 정 안 되면 "아르바이트라도 해야 할까 봐요." 하더니 금세 한숨을 푹 쉬며 말했다.

"그런데 사모가 어떻게 그래요?"

PART 3

기도,
한번 해 보실래요?

청년 시절, 사모가 되기로 작정하면서 가장 어렵게 생각했던 것은 새벽 기도였다. 워낙 아침잠이 많았던 나는 은근히 신경이 쓰였다.

하지만 그리 심각하게 생각하지는 않았다. 사실 결혼하기 전에는 새벽 기도를 한 기억이 거의 없었고, 철야 기도나 금식 기도를 한 기억도 없었다. 그렇게 생짜로 사모가 되었으니 지금 생각하면 참 기가 찰 노릇이다.

사모가 된 후, 하나님은 그때까지 하지 않았던 기도를 몰아서 시키시려는 듯이 엄청난 기도 훈련을 시키셨다. 금식도 밥 먹듯이 하게 하시고 성경을 몇 번이나 통독하게 하셨다. 나는 신병 훈련소의 장정처럼 정신없이 뺑뺑이(?)를 돌았다. 그렇게 기도 훈련을 받고 나서 호주에 파송되었다.

호주에 도착하자, 더 큰 기도 제목들이 기다리고 있었다. 호주는 보기에 참 평화로운 나라였다. 공해도 없고 환경도 좋고 사회 보장 제도도 아주 잘되어 있고 교육 시스템도 최고였다. 병원은 무료에 갖가지 수당도 잘되어 있어서 최소한 굶어 죽을 염려는 없다. 인권도 세계에서 손꼽을 정도로 앞서 있다. 먹고 사는 모든 일을 제도적으로 다 보장해 주기 때문에 어쩌면 하나님이 필요 없는 나라다.

그런 호주에 도착해서 느낀 것은 영적인 황량함이었다. 교회 안이나 교회 밖이나 마찬가지였다. 모든 것이 잘 보장되어 있으니 부르짖어 기도할 '기도 제목'이 별로 없었다.

이런 호주에서 한인 교회는 마치 친교 모임 같았다. 한국 음식을 먹기 위해 난생처음 교회에 나온 사람들도 있었고, 한국에서는 타 종교를 믿다가 교회에 나온 사람들도 있었다. 개중에는 마치 밥값을 내듯이 헌금을 하다가, 나중에 수가 틀리면 헌금을 돌려달라고 말하는 사람도 있었다.

호주 사회는 평화로웠지만 이민 생활에 상처가 많아서인지 이민자들은 그렇지 않았다. 한국에서는 별로 싸우지 않아서 잉꼬부부(?) 소리 들었던 남편과 나도 역시 뿌리 뽑힌 이민자였다.

호주에서 우리는 참 많이 싸웠다. 마음의 여유가 없었고, 서로 상대방의 위로와 이해가 필요했다. 우리의 싸움은 주로 냉전(?)이었다. 며칠간 찬바람이 쌩쌩 불도록 말을 하지 않았다. 아군인 줄 알았던 남편이 적군처럼 느껴지는 순간이었다.

낯선 해외에서 아는 사람도 없고, 속상한 마음을 털어 놓을 곳이 마땅치 않았다. 교회 일이든, 남편과의 일이든, 기도 제목이 생기면 교회로 달려갔다. 그리고 의자 밑에 내려앉아서 무릎을 꿇고는 머리를 깊이 조아리고 기도를 했다.

눈물이 흐르는 것이 아니라 뿜어져 나온다는 것을 그때 처음 알았다. 머리를 깊이 조아리고 기도하면 눈물이 마룻바닥에 뚝뚝 떨어졌다. 그 다음 날이면, 나는 다시 같은 곳에 엎드려 눈물을 뿌렸다. 나중에는 그곳에 떨어진 눈물의 소금기가 마르고 변색이 되어서 아예 마루가 군데군데 허옇게 변해 버렸다.

하나님과 일대일의 독대는 그렇게 이루어졌다. 하나님은 내 기도를 하나도 놓치지 않고 다 들으셨고 많은 것으로 응답하셨다. 새벽 기도 때 5분 정도 잠깐 기도한 것 같았는데, 눈을 떠 보니 밖이 환하게 밝았다. 시간을 보니 두세 시간이 훌쩍 지나가 있었다.

금식 기도도 제법 했다. 금식 기도원이 따로 없으니 집에서 식구들 밥을 챙기면서 기도하는데도 배가 고프지 않았다. 간을 보려는 마음도 생기지 않았고 밥 한 알도 입에 들어가지 않았다. 나는 마치 평생 밥을 먹지 않았던 사람처럼 음식을 외면하며 금식 기도를 했다. 하나님께서 금식할 힘을 주셨기에 가능한 일이었다.

금식 기도가 한 달에 몇 차례씩 이어진 적도 있다. 물 한 모금 마시지 않고 정말 죽겠다는 마음으로 하는 금식 기도는 3일을 넘기지 않고 응답을 주셨다. 보이지 않는 손길에 안겨 있는 평안함이 찾아왔다. 그 많은 어려움 속에서도 살아갈 수 있었다.

아무리 큰 문제가 다가와도 죽는다고 생각하면 놓지 못할 것이 없었다. 내가 문제를 해결하려고 애를 쓴다고 해서 해결되는 것은 아니었다. 오히려 고통만 가중되었다. 그러나 문제를 다 내려놓으면 욕심이 없어지고 육신의 힘이 빠져서 하나님만 바라보게 되었다.

물에 빠진 사람은 지푸라기라도 잡는다고 한다. 아무것도 잡을 것이 없는 절망적인 상황에서는 눈앞에 있는 지푸라기가 마치 커다란 나무 둥지처럼 확대되어 보인다. 그래서 지푸라기라도 잡으려고 허우

적거리면서 그나마 남은 힘을 다 써 버리는 것 같다.

지푸라기가 정말 아무것도 아니라는 것을 깨달아야 비로소 손에서 놓아버린다. 잡으려고 애를 쓰던 것을 놓고 물에 살짝 드러누우면 몸이 뜬다. 가라앉을까 봐 몸부림치지 않고 가만히 있으면 몸은 자연스럽게 뜨게 되어 있다. 그제야 하늘이 보이고 하나님이 보인다.

금식 기도를 자신의 목표 달성을 위해 하는 경우가 많은 것 같다. 성경에서의 금식 기도는 전도의 문을 열 때, 즉 하나님의 사명을 감당해야 하는데 문제에 가로막힐 때 주로 했다. 내가 살기 위해 금식하는 것이 아니라 하나님의 계획을 발견하고 그 뜻 안에 들어가기 위한 것이 금식 기도가 아닌가 싶다.

이러한 기도 훈련 빽뺑이는 소중한 경험으로 기억된다. 황량한 호주 땅에서 하나님은 나의 참 좋은 친구셨다.

#18 생솟는 기쁨

꽤 오래전 일이다. 거친 이민 목회를 하다 보니 마음 한구석은 늘 무거운 돌이 얹혀 있는 것같았다. 피곤한 몸을 눕히지만 마음은 여전히 분주했다. 한없이 펼쳐진 드넓은 남태평양 바다를 바라봐도 속은 답답하기만 했다.

언제나처럼 평범한 일상의 어느 날이었다. 그날 일정이 바뀌면서 모처럼 시간적인 여유가 생겼다. 유난히 깔끔한 편은 아니었으나 깨끗

✦✦✦ ✦✦✦

이러한 기도 훈련 삐뻥삐뻥이는 소중한 경험으로
기억된다. 황량한 호주 땅에서 하나님은
나의 참 좋은 친구셨다. 그 하나님의 손을 잡고
살아남았음에 감사한다.

하게 정리하기를 좋아했다. 잘 정돈된 집을 보면 기분이 상쾌해졌다.

평소에는 목회하느라 정신없이 다니다 보니 집을 정리할 시간이 넉넉하지 않아서 아이들이 잔뜩 어질러 놓아도 치울 여유가 없었다.

모처럼 시간이 난 김에 집 안팎을 털어 내고 깨끗이 정리하기 시작했다. 밀린 이불 빨래를 하고, 냄비들을 꺼내서 반짝반짝하게 닦아 놓고, 집 안에 먼지 하나 없도록 말끔히 쓸고 닦고 나니 아이들이 학교에서 돌아오기 전에 차 한 잔의 호사를 누릴 여유까지 생겼다.

이왕 여유를 부리는 김에 오늘 같은 날 어울릴 것 같은 음악을 틀고 내가 좋아하는 찻잔을 들고 거실에 앉았다. 아름다운 음악은 사람의 마음을 참 아름답게 한다. 창밖에 있는 아름드리나무에서 이름 모를 새들이 '찌르르' 우는 소리가 들렸다.

우리는 새가 운다고 하는데, 영어로는 새가 노래한다고 한다. '새는 우는 걸까? 노래하는 걸까?' 표현의 차이가 참 신기하다는 생각이 들었다. 새는 늘 그곳을 지나다니며 그렇게 울고 있었을 것이다. 다만 걱정과 염려로 꽉 차 있던 내 귀에 들리지 않았던 것뿐이었다. 그 순간만은 아무 염려나 걱정이 생기지 않았다.

깨끗이 정리된 집에 혼자 앉아서 창밖의 경치를 보며 좋아하는 음악을 틀고 차를 마시려니 '참 행복하다'는 생각이 절로 들었다. 오랜만에 아니, 이민 목회 후 아니, 태어나서 처음 느껴 보는 평안함이었다. 이만 하면 평안하고 기쁘다고 느낄 만큼 더 이상 바랄 것이 없는 '완벽한 행복함'이었다.

그런데 참 이상했다. 갑자기 내 속에서 이유도 없이 지금의 행복함과는 비교도 할 수 없는 큰 기쁨이 샘솟았다. 어, 어, 하는 사이에 그 기쁨은 머리끝부터 발끝까지 내 전신을 흔들었다. 그것은 조건이나 환경과 상관없이 솟아나는 역동적인 기쁨이었다. 내가 컨트롤할 수 없도록 깊은 곳에서 솟아나는 넘치는 기쁨이었다.

내가 평안하고 기쁘다며 행복해 하던 그 감정이 정말 아무것도 아니라는 생각이 들 정도로 무엇과도 비교할 수 없는 엄청난 기쁨이었다. 기쁨에도 등급이 있고, 에너지가 있다는 것을 그때 처음 알았다. 그 황홀한 기쁨은 3-4초 정도 짧게 스치고 지나갔다. 그 느낌이 너무나 강렬해서 한동안 멍한 채 그 감정에서 빠져나오지 못했다.

'아! 천국의 기쁨이 이렇겠구나!'

천국에서의 삶이 이렇게 기쁜 것이라면 빨리 가고 싶다는 생각마저 들었다. 아주 오래 전의 일이지만 나는 아직도 그때의 그 기쁨을 기억하고 있다.

내가 가장 평안하고 행복하다고 느낀 그 순간보다 수천 배 더 강한 에너지를 가지고 내 영혼을 강타하던 그 기쁨을 어떻게 표현하면 좋을까? 마치 내 감정이 기쁨을 느낀 것이 아니라 솟아오르는 기쁨 속에 푹 빠져서 압도당한 것 같았다. 시간이 짧았기에 망정이지 시간이 길었다면 자리에서 벌떡 일어나 춤이라도 덩실덩실 추었을 것 같았다.

이런 기쁨 때문에 순교자들이 순교를 하는구나 하는 것을 알았다. 유명한 복음 성가인 '내게 샘솟는 기쁨'이라는 가사 역시 그냥 쓰인 것이 아니라 누군가의 경험에서 우러나왔겠구나 그날 처음 깨달았다.

나는 안타깝게도 그날 이후, 그런 기쁨을 다시 경험하지 못했다. 하지만 샘솟는 큰 기쁨이 실재한다는 것을 알고 나니, 살면서 별일도 아닌 일에 일희일비하는 것이 무의미하다는 생각이 들었다. 그런데 어느새 그 일은 다 잊어버리고 오늘도 크고 작은 일에 부대끼고 별 일도 아닌 일들로 일희일비하면서 그렇게 열심히(?) 살아가고 있다.

#19   10년만 젊어 보이게

　　30대 초반에 호주 선교사로 파송 받은 후 21년을 시드니와 캔버라에서 사역을 했다. 그야말로 새파란 청춘을 호주 땅에 묻고 나니 어느새 중늙은이가 되었다. 그러는 동안에 호주에서만 개척 교회를 두 번이나 했다.

　　한 번은 파송 받은 당시에 있던 기존의 두 가정을 중심으로 사역을 시작했고, 한 번은 남편과 둘이만 시작한 완전한 개척이었다. 한국에서의 개척까지 합하면 목회를 하면서 세 번이나 개척을 했다. 우리는 둘 다 개척 체질이 아닌데 하나님이 그렇게 사용하신 것을 보면 급하셨나 보다.

　　선진국인 호주에서 겪었던 상대적 빈곤감은 엄청났다. 더구나 말이 통하지 않는 답답함은 상상을 초월하는 스트레스였다. 그 전까지 '삼중고' 중에 보지 못하는 것이 가장 힘든 일이라고 생각했다. 그런데 보지 못해도 듣고 말할 수 있다는 것이 행복이라는 것을 그때 알았다.

말을 못한다는 것은 속이 답답해서 터질 것 같은 일이었다. 오죽하면 '벙어리 냉가슴 앓는다'는 말이 있을까?

처음 몇 년은 이민 스트레스와 문화 충격뿐 아니라 경제적인 곤란도 같이 겪었다. 우리는 6개월분의 선교비를 먼저 가지고 들어갔다. 그런데 우리의 파송을 요청했고, 선교비를 주관했던 호주연합교단 (Uniting Church, 감리교회가 없는 호주에서 감리교회, 회중교회, 장로교회 일부가 연합하여 만든 교단)은 행정상, 가지고 온 선교비를 모두 노회에 들여놓고 조금씩 받아서 쓰게 되어 있었다. 담임목사의 생활비는 한국과 호주연합교단, 우리가 시무할 개척 교회에서 얼마씩 부담하기로 예산이 짜여 있었다.

하지만 초창기라서 제대로 모금이 되지 않았고, 집행도 되지 않았다. 가진 예산이라고는 우리가 가지고 들어갔던 6개월분의 생활비가 전부였다.

대중교통이 잘 되어 있지 않은 탓에 중고차를 마련하고자 노회에서 목돈으로 지불해 준다면 6개월분 생활비를 받지 않겠다고 해도 받아들여지지 않았다. 노회 규정상, 정해진 목록에 의해 지불해야 한다는 것이다.

결국 우리는 가지고 간 선교비를 푼돈으로 받아 생활비를 충당했고, 융자를 받아서 차를 샀다. 융자를 되갚는 금액은 생활비의 반 이상이었다. 차량 유지나 전기세 등 공과금 역시 우리가 가지고 간 선교비를 쪼개어 지불해 주는 방식이었다.

그 와중에 아이들은 맥도널드 햄버거를 먹고 싶다고 했다. 비교적

값싼 햄버거조차 사 줄 형편이 아니었다. 맥도널드 가게 옆을 지나가면 사 달라는 말은 못하고 간판만 뚫어져라 쳐다보던 아이들의 눈망울을 생각하면 지금도 가슴이 미어진다.

그런 상황에서 새 옷이나 화장품은 언감생심 바랄 수도 없었다. 마트에서 양이 많은 바디 크림을 사다가 얼굴에 발랐고, 입던 옷을 싸게 파는 구세군 마트를 기웃거렸다. 그래도 그때는 젊음이 있어서인지 마음은 초라하지 않게 버틸 수 있었다.

거의 10여 년이 지난 40대 중반에 한국을 방문한 적이 있었다. 한국 사람들은 호주 사람들과는 다르게 세련되어 보였고, 얼굴도 반질반질 윤기가 났다. 모임에서 만난 사모님들과 비교하니 그들은 늙지도 않고 그대로인데, 나만 팍 늙고 초라해 보였다.

동기 목사님들은 수족처럼 움직이는 부목사들을 두고 나름 목회에 성공(?)한 것 같이 보였다. 새로 호주에 도착하는 교인들을 챙기고 머슴(?) 노릇하느라 피곤한 티가 몸에 배인 우리 같은 사람은 아무도 없었다.

세련된 한국의 사모님들과 비교하면 나는 강한 호주 햇볕에 새까맣게 그을리고 옷도 제대로 챙겨 입지 못한 것이 마치 깊은 산골에서 상경한 촌 아낙네 같았다.

사실 따지고 보면 별일도 아니었는데, 그때는 젊어서 그랬는지 부끄럽고 속이 상했다. 한국에서 호주로 돌아온 나는 하나님께 떼 부리며 기도하기 시작했다.

"하나님! 저는 교회가 어려워서 생활비도 제대로 받지 못해요. 좋은 화장품이나 옷은커녕 먹고 사는 것도 빠듯해요. 그러니까 하나님이 저를 무조건 10년은 젊어 보이게 해 주세요!"

그렇게 몇 년이 지나고 다시 한국을 방문할 기회가 있었다. 남편이 대구 교회에 설교를 하기로 해서 같이 갔다. 예배가 끝나고 잠시 교인들과 인사와 이야기를 나누는데 그날 처음 만난 집사님이 뜬금없이 물었다.

"사모님~ 혹시 몇 살이세요?"

잘 알지도 못하는 초면에 만나자마자 그런 질문을 하다니 실례가 아닌가. 실제로 그런 질문을 받은 것은 난생 처음이었다.

"글쎄요, 몇 살처럼 보이세요?"

나는 그 분이 무안하지 않게 슬쩍 되물었다.

"삼십 대, 아니세요?"

그 집사님은 내 나이보다 꼭 10년 아래로 말했다.

"헉!"

사람들은 상대방이 듣기 좋으라고 나이를 많이 줄여서 젊어 보인다며 인사말을 한다. 그러나 처음 만난 사람이 뜬금없이 나이를 묻고는 아무리 인사말이라고 해도 딱 10년 아래로 말하는 것을 보며, '기도 응답이다!' 하고 속으로 외쳤다.

요즈음도 가끔 '나이보다 젊어 보인다'는 말을 듣는다. 그럴 때면 속으로 '기도 응답이다!' 하고 외친다. 그리고 은근히 좋아서 '크크' 하고 속으로 웃는다.

하나님은 참 좋으신 분이다. 아무리 웃기고 철이 없고 뜬금없는 기도도 세밀하게 응답하시는 걸 보면, 그분은 내 아버지이신 것이 분명하다. 할렐루야!

#20 적군 같은 아군

마귀는 하나님과 사람을 이간시켰다. '분열 자, 이간 자'라는 뜻을 가진 마귀는 하나님의 말씀을 불신앙하고 하나님을 떠나게 만드는 사악한 존재다. 지금도 교회에서 사람과 사람 사이를 갈라놓고 교회 안에 분쟁과 분열을 일으킨다.

마귀는 하나님의 최고 걸작인 아담과 하와도 갈라놓았다. 자신이 잠든 사이에 자기의 갈비뼈로 만든 하와를 보는 순간, 아담은 "그대는 내 뼈 중의 뼈요, 살 중의 살"이라는 지상 최고의 사랑 고백을 했다. 내 뼈요 내 살이기 때문에 무조건적인 사랑이요, '네가 아프면 나도 아픈 것'이다.

하지만 영원히 변치 않을 것 같았던 아담의 사랑도 하나님의 말씀을 불순종하고 선악과를 따 먹은 이후 "하나님이 만드셔서 내게 주신 그 여자가 먹으라고 했다"며 하와에게 모든 책임을 전가시키는 것으로 끝이 났다. 타락한 인간의 기본 성품인 원망과 책임 전가가 태초부터 있었으니 원망과 책임 전가는 인간 세상에 정말 오래된 역사인 것 같다. 아담을 보면 요즈음 말대로 사랑의 유효 기간이 있기는 한 것 같다.

목회자 부부는 영적 전쟁에서 가장 강한 동지이고 아군이다. 아니! 강한 동지이고 아군이어야 한다. 그런데 실제로는 '적군 같은 아군'으로 살아가는 목회자 부부들이 꽤 있다. 둘이 힘을 합해도 살아남기 어려운 영적인 전쟁터에서 서로에게 생채기를 내면서 모든 것이 상대방 때문이라고 원망하고 미워하게 하는 것은 마귀의 작품이다. 적군 같은 아군은 같은 부대 군인들끼리 물고 뜯고 총을 쏘고 서로 죽이는 것과 같다.

창세 때 마귀가 아담과 하와를 갈라놓았다면 우리 같은 보통 사람들을 갈라놓는 것은 그야말로 '식은 죽 먹기'다. 마귀의 전략에 속아서 적군 같은 아군으로 서로를 공격하며 살았는데도 치열한 영적인 전쟁터에서 살아남는 걸 보면 역시 우리 하나님은 위대하시다!

젊었을 때 나는, 믿는 자는 올바르게 살아야 한다는 강박 관념(?)이 있었다. 믿는 사람으로서 최소한의 상식은 지켜야 한다는 것이 내 생각이었다. 이를테면 신앙인들이 믿지 않는 사람들도 안 하는 일을 하면 안 된다거나, 남에게 상처를 주거나 피해를 끼쳐서는 안 된다는 것 정도였다.

반면 남편은 믿는 사람이라고 반드시 믿지 않는 사람보다 높은 상식 수준을 가진 것은 아니라고 했다. 그러면서 남편은 내가 생각하는 상식선을 마음대로 넘어 다녔다. 나의 상식과 남편이 생각하는 상식의 커다란 갭 사이에서 참 혼란스러웠다. 남편과 나의 주장은 영원히 맞닿지 않는 평행선 같았다.

　호주에서의 일이다. 나는 습관처럼 교회로 차를 몰았다. 남편과 의견 충돌이 있어서 마음이 답답하면 늘 하던 버릇이었다. 누구와 이야기를 할 사람도 없었고 교회에 달려가 혼자 엎드려 울 수밖에 없었다. 주님은 그럴 때마다 나를 따뜻하게 위로해 주셨다.

　말도 안 되지만, 차라리 내가 목회를 하다가 어려움을 당한다면 내가 한 일이니까 참을 수 있을 것 같았다. 그런데 그렇게 말려도 말을 듣지 않은 채 일을 저지르고 결국은 내가 감당해야 하는 일들이 반복되자 왜 내가 하지도 않은 일 때문에 고통을 당해야 하는지 억울한 마음이 커졌다.

　속은 타들어 갔고, 답답함에 숨도 쉬어지지 않았다. 아무리 울면서 기도해도 답답한 마음은 시원해지지 않았다. 무슨 청개구리 심보인지 죽어라고 내 말은 듣지 않는 남편을 보며, 나중에는 남편이고 목회고 모든 것이 다 귀찮아졌다.

　낙심한 나는 교회에 도착하자마자 뚜벅뚜벅 앞으로 걸어 나가서 강대상 앞에 털썩 주저앉았다. 그리고 기도하려고 습관처럼 눈을 감았다. 그런데 참 이상한 일이었다. 분명히 눈을 감고 기도하고 있었는데, 눈앞에 아주 커다란 화면이 보였다. 마치 흑백 영화를 보는 것 같았다.

　강대상 전체를 덮을 만큼 큰 화면 안에는 흐릿하게 보이는 형상이 있었다. 화면 속에 보이는 사람은 쓰러져 피를 흘리고 있었다. 한눈에 보기에도 상당히 상처를 입은 것 같았다. 그때 또 다른 누군가가 나타났다. 그는 쓰러진 사람에게 다가가서 그 사람을 발로 차고 손으로 때렸다. 쓰러진 사람은 몸을 꿈틀대며 고통스러워했다. 반항을 하거나 대들지도 못했다.

나는 '아니? 왜 쓰러져 있는 사람을 때리는 거야?' 하며 나도 모르게 말리려고 몸을 일으켰다. 그리고 그 순간 때리고 있는 사람이 '나'라는 것을 순식간에 알아차렸다. 상처입고 쓰러져 있는 사람은 남편이었다.

그날 사건은 내게 납득이 되지 않는 경험이었다. 아직도 하나님이 왜 그런 환상을 보여 주셨는지 이해하지 못한다. 실상은 내가 피해자였고 고통당하는 사람도 나였는데 왜 오히려 나를 나쁜 사람으로 만드셨는지 이해가 되지 않는다. 이해가 되지 않으니 좋은 경험으로 기억되지도 않는다. 사실대로라면, 쓰러진 사람은 나고, 나를 괴롭히고 때리고 차는 사람이 남편이었어야 한다. 그런데 왜 그런 환상을 보여 주셨을까?

하나님은 내가 얼마나 힘이 드는지를 모르셨던 걸까? 아니면, 목사라고 편애하신 걸까? 이 일은 아직도 내가 명쾌한 답을 얻지 못한 단한 가지 일이다. 지금도 그때 일을 생각하면 마음에 의문이 남는다. 하나님은 정말 왜 그러셨을까?

　호주에 살던 당시에는 이런저런 문제로 마음이 답답해도 마땅히 갈 곳이 없었다. 게다가 아이들이 어려서 학교에 보내야 했기 때문에 집을 떠나서 혼자만의 시간을 가진다는 것은 상상조차 할 수 없었다.

　시간이 지난 지금은 '그때는 왜 그렇게 심각했을까?' 하는 일들이 많지만, 젊은 시절에는 작은 문제도 크고 심각하게 와 닿게 마련이었다. 내 주변은 온통 해결해야 할 문제들로 가득 차 있었다.

　하나를 해결하고 숨을 쉴 만하면 곧이어 다른 문제가 꼬리를 물고 나왔다. 언제나 이런 문제들에서 벗어날 수 있을지 한 치 앞도 보이지 않았다.

　그날도 너무나 버거운 삶의 무게로 더 이상 살기 싫다는 생각에 눌려 있었다. 주어진 환경에서 벗어나 도망치고 싶은 마음뿐이었다. 그러나 아무리 생각해 봐도 도망칠 방법이 없었다. 늘 하던 습관대로(?) 굶어 죽기로 작정했다.

　호주에서는 집에서 밥하고 살림하면서 물도 마시지 않는 3일 정도의 금식은 하도 많이 해서 그리 어렵다는 생각이 들지 않았다. 금식을 시작하면 음식을 하면서도 밥 알 하나 입에 넣지 않았다. 실제로 음식을 먹고 싶은 마음조차 들지 않았다.

　금식은 그리 어렵지 않았다. 금식을 하면 오히려 영적으로 깨끗해지고 마음이 평안해져서 참 좋았다. 그때는 내가 스스로 결정하고 금식을 하는 줄 알았다. 그러나 시간이 흐른 후에야 금식도 하나님이 시키셔야 할 수 있음을 알게 되었다.

어쨌거나 나는 굶어 죽기 위한 전 단계로 우선 집안 청소를 했다. 그렇지만 사람들에게 흐트러진 모습을 보이기는 정말 싫었다. 내가 없더라도 식구들은 밥을 먹어야 하니까 밑반찬을 만들어서 냉장고에 채워 두었다.

아이들을 학교에 보내고 이런저런 일을 하다 보니 오전 10시쯤 되었다. 집안일을 끝내고 나니 더 이상 할 일이 없었다. 한국 같으면 기도원에 갈 수도 있고, TV를 봐도 되고, 라디오를 들을 수도 있고, 친구도 만날 수 있으며, 돌아다닐 곳이 많았을 것이다.

하지만 호주에서는 TV도 영어만 나오니 알아들을 수가 없고, 밖에 나가 봐야 맨 외국인들뿐이고, 마땅히 갈 곳도 없었다. 밥을 준비하고 먹는 시간이 없어지니 시간이 엄청 많이 남았다. 그렇다고 그냥 앉아서 굶어죽을 때까지 기다릴 수는 없고, 다른 책들은 눈에 들어오지도 않고….

나는 하릴 없이 성경을 펼쳐 들었다. 그리고 기계적으로 성경을 읽어 내려갔다. 몇 절인가 읽던 나는 깜짝 놀라서 눈이 휘둥그레졌다. 점치는 것처럼 성경을 착 펴서 눈에 뜨이는 구절을 하나님이 주신 오늘의 말씀이라고 선택한 것이 아니었다.

그냥 계속 성경을 통독하던 순서대로 어제 읽던 말씀의 다음을 이어서 읽던 중이었다. 그동안 수차례 통독을 했는데도 전혀 눈에 들어오지 않던 말씀이 불쑥 눈에 들어왔다. 이런 말씀이었다.

⁷너는 가서 기쁨으로 네 음식물을 먹고 즐거운 마음으로 네 포도주를 마실 지어다. 이는 하나님이 네가 하는 일들을 벌써 기쁘게 받으셨음이니라(전 9:7)

나를 괴롭히는 환경들 때문에 잔뜩 화가 나 있던 마음이 맥없이 무너졌다. 갑자기 픽~ 하고 웃음이 나왔다. 너무 힘들다고 차라리 죽겠다며 화를 내고 있던 나에게 하나님이 한마디 하시는 것 같았다.

"요놈! 까불지 말고 빨리 밥 안 먹어?"

"치…."

나는 혀를 날름 내밀었다. 그리고 터덜터덜 부엌으로 갔다. 그러면서도 구시렁거리는 것을 잊지 않았다.

"별일이야. 먹고 마시라니. 성경에 별 말씀이 다 있네."

죽을 각오로 비장하게 시작했던 금식은 그렇게 한 끼도 굶지 못한 채 허무하게(?) 막을 내렸다.

#22 다시 첫 목회지로

캔버라에서의 예정된 임기 2년이 지났다. 그동안 대사관 직원을 중심으로 새로운 교인이 많이 늘었다. 교회의 모습도 갖추어졌다. 전임자의 임기가 끝나면 2년씩 교대로 훈련을 받게 될 K교회의 부목사님 중 한 분이 우리의 후임으로 결정되었다.

한국을 떠날 때 외국에 나간 김에 외국 학위를 하나 더 받아 오라는 파송 교회의 요청도 있고 해서 남편은 시드니신학대학원에 입학을 하고 공부를 시작했다. 호주 생활이 2년 쯤 되니 적응도 되고 눈도 뜨여서 일도 시작하게 되었다.

미국에서 한국 사람들이 세탁소를 많이 하듯이 호주에서는 청소를 많이 한다. 직업에 대한 차별이 없고, 수입도 괜찮다. 우리도 업체나 개인에 고용되어 청소를 시작했다. 지나고 나서 생각해 보니 공장 청소, 파출부, 신문 배달 등 참 다양한 직업을 경험했다.

때마침 호주에 한국 신문이 들어오면서 신문 배달을 하게 되었다. 호주에서 한국 신문 배달은 우리가 첫 알바생(?)이다. 여기저기 흩어져 사는 교민들 집에 신문을 돌리다 보니 중고차 기름 값이 더 들었다. 신문을 넣고 오느라고 길에 차를 잠깐 세웠다가 딱지까지 떼었다. 계산해 보니 완전히 마이너스여서 그대로 끝낼 수밖에 없었다.

다양한 공장 청소도 경험했다. 둘이서 서너 시간을 쉴 시간도 없이 뛰면서 청소를 해야 간신히 정해진 시간에 마칠 수 있었다. 나중에 보니, 인건비를 절약하기 위해 두 사람 몫의 일을 한 사람에게 시켰다는 것을 알았다. 그래도 우리는 을이어서 항의조차 할 수 없었다.

남편이 파이 공장을 청소할 때는 파손된 미트 파이를 꽤 많이 가져왔다. 다양한 미트 파이를 먹는 기분이 나름 쏠쏠했다.

그때의 경험으로 우리는 성도들의 헌금이 얼마나 귀한 것인가를 알게 되었다. 어려운 생활에서 십일조를 떼는 것이 얼마나 힘든 일인가도 알게 되었다. 누가 뭐래도 헌금은 믿음 없이는 할 수 없는 것 같다.

청소를 하면서 오히려 경제적으로 안정이 되었다. 남편이 공부를 하게 되면서 내가 파출부를 하면서 생계를 유지했다. 그래도 교회에서 받는 생활비보다는 훨씬 많아서 생활이 여유로워졌다.

휴일이 되면 경치 좋은 곳을 찾아서 멀리 놀러 다닐 수도 있었다. 목회를 안 하니 신경 쓸 일이 없고, 생활은 전보다 여유롭고, 그냥 목회를 안 하는 것이 아니라 공부를 하고 있다는 명분도 있으니 여러 모로 편하다는 생각이 들었다. 그야말로 '여기가 좋사오니 장막 셋을 짓고'라고 하던 제자들과 같은 기분이라고나 할까?

그러던 어느 날 갑자기 하혈이 시작되었다. 병원에 가니 유산 중이라며 중절 수술을 하라고 했다. 전신마취 후 수술을 하고 퇴원을 했는데도 한 달 정도 하혈이 계속되었다. 몸을 제대로 추스르지 못하던 나는 할 수 없이 다시 병원에 갔다. 의사는 눈을 동그랗게 떴다.

"자궁 외 임신인데, 오늘 병원에 안 왔다면 내일 당신은 아마 죽었을 겁니다."

같은 병원인데 어떻게 이렇게 다른 진단을 할 수 있는지 기가 막혔다. 결국 한 달 만에 다시 전신마취를 하고 오른쪽 난소를 떼어냈다.

내가 한두 달 사이에 생과 사를 넘나드는 수술을 연거푸 받는 것을 보며 남편은 많은 생각을 하는 것 같았다. 그러더니 공부를 한다고 목회를 안 하는 것이 마음에 걸린다고 했다. 공부를 하면서 개척도 하기로 결심한 것이다.

세 번째 개척이었다. 사실 남편이나 나는 개척 체질(?)이 아니다. 대단한 열정가도 아니었고, 누가 뭐래도 앞으로 나아가는 추친력도 없었다. 그렇다고 영성가라고 할 만큼 깊은 기도 속에 있지도 못했다. 그런데도 하나님은 세 번이나 우리를 개척의 길로 이끄셨다.

이제까지는 교인들이 몇 명이라도 있었는데, 이번은 교인이 한 명도 없이 오롯이 우리 가족만의 시작이었다. 아이들은 아직 어렸으니 남편과 나, 단 둘이서 시작하는 셈이었다. 도대체 어쩌자는 건지 알 수 없었다.

남편은 한인 신문에 광고를 냈다.

'○월 ○일 ○시, ○○에서, 교회를 개척하려고 합니다. 함께 신앙 생활하실 분들을 초대합니다.'

아마도 이런 내용이었던 것 같다. 지금 생각하면 상당히 황당한 일이다. 지금은 모든 교회가 한인 잡지에 광고를 내지만, 예전에는 교회가 한인 잡지에 광고를 낸 적이 없었다. 혹시 비신앙적인 것처럼 비추어질지도 모를 일이었다. 그것도 잡지 안쪽이 아니라 한인 잡지 표지 하단 좌측에 교회 창립 광고를 실었으니. 교회 광고를 낸 것도, 또 그것을 표지에 실은 것도 우리가 처음이었다.

창립 예배가 가까워 오자 나는 '하나님! 최소한 20명 이상은 참석하도록 해 주세요!'라고 매일 매일 간절히 기도했다. 교인이 10명 미만인 교회가 수두룩한 현실에서 20명은 터무니없는 숫자였다.

개척하고 나서 첫 주일이었다. 정말 기적같이 20명 이상이 참석했다. 그렇게 개척 교회가 시작되었다. 하나님은 그 개척 교회를 통해 역사하실 것이라는 확신과 비전을 보여 주셨다. 개척한지 얼마 되지 않아서 자그마한 교회가 꽉 차기 시작했다. 때마침 불어 닥친 투자 이민 열풍으로 투자 이민자들이 줄줄이 연결되었다. 늦게 오면 앉을 자리가 없을 정도로 부흥이 되었고 승승장구하는 것 같았다.

그런데 호사다마라던가? 먼저 시작한 교인들과 나중에 들어온 교인들 간에 눈에 보이지 않는 알력이 시작되었다. 그 과정에서 개척 초기 멤버이자 믿고 의지하던 교인 가정이 떠나버렸다. 그때의 심정을 어떻게 표현할까?

교인이 떠나는 것을 처음 경험한 나는 배신감과 상실감에 거의 초주검이 되었다. 마치 홀어미가 아들을 잃은 심정이었고, 죽도록 사랑하던 연인과 헤어진 실연의 아픔 같았다. 교인이 떠난다는 것이 그렇게 아픈 상처라는 것을 처음 경험한 나는 너무 아파서 울고 또 울었다.

그렇게 고통스러워하고 있을 때였다. 우리의 후임으로 캔버라교회에서 사역하던 목사님이 2년 임기를 마치고 한국으로 돌아가게 되었다. 호주에 선교비를 지원하던 K교회는 그 사이에 다른 지역으로 선교의 방향을 돌리며 부목사를 연이어 훈련시키려던 계획은 무산되었다.

켄버라교회에서는 우리에게 다시 와 줄 것을 요청했다. 호주에 처음 왔을 때 고생스러웠던 것을 잘 알고 있으니 이번에 오면 잘해 주겠다는 말도 덧붙였다. 그리고 그 주간에 장로님들이 청빙 인사차 일부러 시드니까지 찾아왔다.

나는 아무 생각이 들지 않았다. 그저 그 아픈 환경을 벗어나고만 싶었다. 우리 교인들은 조금만 참으면 되니까 가지 말라며 진심을 다해 만류했다.

"너무 힘들어요. 제발 보내 주세요."

나는 이렇게 말하며 하염없이 울었다. 우리를 진심으로 아끼던 교인들은 우리가 떠나는 것을 너무나 안타까워했지만 사모인 내가 워낙 아파하고 있었기 때문에 할 수 없이 우리를 놓아주었다.

우리는 호주에서 첫 목회를 했던 캔버라교회로 되돌아갔다. 한 교회에 두 번 부임한 셈이다. 시드니 생활 4년을 빼고, 캔버라에서 17년을 보냈다.

캔버라에 도착한 첫 새벽 기도회 때 나는 정말 온몸이 떨리는 회개를 했다. 왜 그렇게 회개를 해야 했는지 그때는 이유를 잘 몰랐지만 나중에 확실히 깨닫게 되었다.

하나님은 개척을 시작할 때 큰 비전과 확신을 주셨다. 그런데도 하나님의 뜻과는 상관없이 개인적인 감정과 생각과 상처로 하나님께 불순종하고 사역지를 옮긴 것이 얼마나 큰 죄인가 하는 것을 뼈저리게 느꼈다. 나는 그 일로 하나님의 말씀에 불순종하고 내 생각대로 결정하는 것이 얼마나 큰 죄인지를 깨달았다.

그 경험은 나중에 살면서 목회의 방향을 결정하는데 큰 지침이 되었다. 하나님이 하라시면 물불을 가리지 않았고, 하나님의 응답이 없으면 확신이 올 때까지 엎드려서 아무리 힘이 들고 어려워도 쉽게 움직이지 않았다. 좋은 조건을 가진 교회로 '사다리(?)'를 타거나 '점프(?)' 하지 않고 쉽게 요동하지 않았던 것은 아마도 그때의 경험 때문이었을지도 모르겠다.

그동안 캔버라교회는 새로운 교인이 많이 들어와 있었다. 다시 돌아간 그곳에서 나는 산전수전 공중전까지 다 겪었다. 전에 살던 곳이라 생활은 비교적 익숙했다. 그런데도 말로는 도무지 표현할 수 없는 기막힌 일들을 참 많이 경험했다. 교회가 갈라지는 아픔도 맛보았다.

힘든 일만 있었던 것은 아니다. 그 와중에 많은 기적을 체험했고, 하나님을 인격적으로 만나는 기쁨도 누렸다. 한국에 있었다면 경험하지 못했을 일들이었다. 아마도 내 '종말론적인 믿음'은 그때 이미 뿌리를 내렸는지도 모르겠다. 그렇게 21년의 청춘을 호주에 묻었다.

#23   우연이라고 하지 마세요

불신앙의 사람들이 우연이라고 생각하는 일들이 하나님의 자녀에게는 기도의 응답인 경우가 많다. 불치병이 낫거나 커다란 재앙에서 벗어나는 것만이 기도 응답이 아니다. 우리의 삶 전반을 통해 아주 사소해 보이는 일들을 통해서도 기도 응답은 계속되고 있다.

❀❀❀ ❀❀❀

캔버라에 도착한 첫 새벽 기도회 때

나는 정말 온몸이 떨리는 회개를 했다.

왜 그렇게 회개를 해야 했는지 그때는 이유를

잘 몰랐지만 나중에 확실히 깨닫게 되었다.

하나님은 개척을 시작할 때

큰 비전과 확신을 주셨다.

호주 교회 주차장에 세워 둔 승용차의 문이 뜯긴 채 핸드백을 도난 당했다. 교회에 놔두고 온 물건이 생각나서 잠깐 가지러 간 사이에 누군가 차의 문을 뜯고 핸드백을 가져간 것이다.

호주 수도 캔버라는 눈에 띄는 큰 범죄가 없다. 그런데 나라에서 주는 수당을 다 써버린 마약을 하는 사람들이 마약 값을 충당하기 위해 종종 이런 짓을(?) 한다. 특히 우리 교회는 시티 중심가에 있어서 마약 환자들로 인한 소소한 피해가 많은 편이었다.

처음 핸드백을 잃었을 때는, 우선 속이 많이 상했다. '왜 하필 내게 이런 일이 일어나는 거지?' 짜증 섞인 마음이었다. 특별히 값나가는 물건이나 현찰 같은 것은 없었다. 하지만 면허증이나 의료 보험 같은 것들을 다시 받으려면 비용도 문제지만 오가는 시간이 많이 걸리고 갱신하는 시간도 오래 걸려서 보통 성가신 일이 아니었다. 나는 속이 상한 마음 그대로 기도했다.

"하나님! 저는 하나님의 자녀 아닙니까? 기도 응답의 증거로 가방을 돌려주십시오. 가방보다도 이런 기도에도 응답하신다는 확신이 제게 필요합니다."

그동안 불치병이나 크고 어려운 문제들은 집중 기도를 통해 응답받은 경험이 많이 있었다. 하지만 이런 사소한(?) 일은 '내가 포기하면 되지, 기도는 무슨 기도?' 하며 기도하지 않았다.

그 이튿날이었다. 그렇게 찾아도 없던 가방이 이른 아침 교회 앞마당에서 발견되었다. 새벽 일찍 교회를 둘러보시던 호주 교회 목사님이 가방 안에 있는 신분증을 보고 내게 전화를 해 주신 것이다.

정말 의외였다. 마약을 하는 사람들은 정신이 없기 때문에 가방을 훔치면 돈이나 돈이 될 만한 것만 빼고는 가방은 아무 데나 던져 버린다. 그런데 바로 전날 밤 늦은 시간까지 이 잡듯(?) 뒤져도 없던 가방이 분실되었던 바로 그 장소에서 이른 새벽에 발견되다니!

누가 보면 들킬지도 모르는데 가방을 가져간 사람이 돌아와서 제자리에 가방을 얌전하게 놓고 갔다고 볼 수밖에 없는 이 일이 우연일까? 내 이야기를 들으면서 '살다 보면 그런 우연이 있을 수도 있지' 하는 생각이 든다면, 다음 이야기를 한 번 더 읽어 보기를 바란다.

두 번째 일은 거의 1년 쯤 후에 벌어졌다. 가방을 잃어버린 사건이 잊혀질 무렵에 같은 장소에서 같은 방법으로 가방을 또 도둑맞았다. 그때도 가방에는 별로 중요한 것이 없어서 아무렇지 않은 척했지만 내심 속상했다. 그리고 가방 찾기를 포기한 것은 '1년 전에 가방을 찾은 것은 우연이었을지도 몰라'라는 마음이 나도 모르게 들었기 때문이다.

게다가 그날은 여러 가지 좋지 않은 일들이 겹쳤다. 내 가방과 더불어 첼로로 봉사하던 음대생의 값비싼 첼로까지 없어졌다.

그날은 수업이 있는 월요일이어서 학교에 도착했는데, 지난 밤에 이런저런 일로 잠을 설쳐 피곤한 나머지 눈이 저절로 감겼다. 나는 학교 주차장에 차를 세우고 알람까지 켜 놓고는 수업 시작 전까지 아주 잠깐 졸았던 것이다. 그런데 사람이 차에 타고 있으면 딱지를 떼는 일이 거의 없었는데, 차 속에 사람이 있는데도 주차 단속반이 딱지를 떼고 가버렸다.

이런 일이 겹치다 보니 기도를 하고 싶은 마음보다 약이 올라서 원망하고 싶은 마음이 먼저 들었다. 기도로 문제를 해결하기에는 믿음이 역부족이었다. 모든 일은 내가 해결해야 한다고 생각했고 원망과 염려가 체질화되었던 때였다.

그런 와중에도 '기도해야지' 하는 마음을 주신 것은 전적인 성령님의 역사였다. '이런 소소한 기도는 들어주실 것 같지 않으니까' 하는 마음과 '그래도 끝까지 기도를 해야지' 하는 마음 사이에서 한동안 기도가 아닌 실랑이를 하다가 일단 이렇게 기도를 했다.

"하나님! 첼로는 몇 천 불이나 한다는데, 더구나 제 것도 아니니까 꼭 찾게 해 주세요. 제 가방은 내일 12시 전에 찾을 수 있게 해 주세요. 하나님은 사소한 기도에도 응답하시는 줄 믿습니다. 만일 그때까지 가방을 찾지 못하면 바로 경찰서에 분실 신고를 하러 가겠습니다. 그리고 하나님은 이런 자질구레한 기도는 응답하시는 분이 아닌 줄 알겠습니다. 이상 끝! ※ 추신 : 참! 딱지 뗀 것은 그냥 제가 낼 게요."

그런데 하나님께서는 그 모든 기도를 정확히 응답하셨다.

그날 강의는 12시 10분에 끝나게 되어 있었다. 그런데 11시 강의가 시작될 때까지 아무런 연락이 없었다. 이제는 늦었다는 생각이 들었다. 강의가 끝난 다음에 연락이 온다고 해도 내가 정한 12시가 지나버린다. '설마?' 하는 마음과 '그러면 그렇지' 하는 마음이 교차되어서 마음이 복잡했다.

그런데 이게 웬일인가? 강의가 거의 끝나갈 즈음, 강의실 문을 똑

똑! 두드리는 소리가 났다. 잠시 후 극장식 강의실 앞문이 빼꼼 열리더니, 누군가가 머리를 반만 들이밀고는 '혹시 여기에 임애린(Aerin Lim)이 있냐'라고 물었다.

앞자리에 앉았던 나는 손을 번쩍 들었다. 그러자 그는 "잃어버린 가방을 찾았다는 연락이 왔으니까 시티에 있는 리드 전문대학(Reid CIT)으로 가 보세요."라고 했다. 같이 있던 학생들이 자기 일처럼 와아, 하고 환성을 지르며 축하의 박수를 쳐 주었다. 앗, 시계를 보니 11시 50분이었다. 정신이 아찔했던 순간이었다.

내게 정확하게 기도에 응답하시는 하나님!

눈동자와 같이 보고 계시는 하나님!

그 학교에 다니는 동안, 강의 중에 수업을 방해하면서까지 수강생의 자질구레한 일을 알려 준 적은 단 한 번도 없었다. 그것도 10분 후에 강의가 끝나기를 기다리면 될 것을 굳이 수업을 방해하면서 알려 줄 이유는 더더욱 없었다. 분실된 가방은 이왕 찾은 거니까 수업을 마친 후에 알려 줘도 상관이 없었을 것이다. 그런데 이 사실이 우연의 일치였을까? 물론 첼로도 되찾았다.

내 이야기를 듣고도 이 모든 일이 우연의 일치라고 느껴진다면 당신은 문제가 올 때마다 염려하고 걱정하며 살 수밖에 없다. 어쩌다 한 번 오는 우연의 일치라든가 요행을 바라고 평생 마음을 졸이며 살게 될 것이다.

나는 이 사실이 '기도의 응답'이라고 믿어진 그 순간부터 그런 생각을 버렸다. 그리고 지금까지 우연의 일치와도 같은 기도의 응답은 계속 이어지고 있다. 하나님은 살아 계신다! 할렐루야!

#24   길가의 돌멩이

　　호주연합교회 목회자배우자협회 실행위원회(NSW Synod Ministry Spouses' Association)에서 주최하는 '목회자 배우자 수련회'가 시드니의 베네딕트 수양관(Mt St Benedict Center)에서 있었다.

　　해외에 살다 보면 언어의 장벽이 생각보다 심각하다. 당연히 호주 사람들이 주최하는 모임에 가는 것을 주저하게 된다. 그날 수련회도 별로 참석하고 싶지 않았지만 어쩔 수 없어서 잔뜩 긴장된 마음으로 참석했다.

　　일반적으로 한국 교인은 호주 교인들보다 자신의 믿음이 낮다고 생각한다. 그 이유는 교회가 크고 교인도 많다. 기도도 더 많이 하고, 헌금도 더 많이 한다. 교회에서 봉사하는 시간도 엄청나다. 반면에 삐지기도 잘하고 상처도 잘 받고, 시험에도 잘 든다.

　　한국 교인들은 마치 대학교수의 머리와, 돌 지난 아기의 손발과, 일곱 살 난 아이의 철없는 가슴을 가진 '신앙의 돌연변이' 같았다. 하나님의 말씀을 평생 들어서 말씀이 머리에 꽉 차 있는데도, 문제가 생기면 감정은 일곱 살 난 아이처럼 출렁거린다. 게다가 복음 전하는 곳에 가는 발걸음은 돌 지난 아기처럼 위태롭기만 하다.

　　한국에는 목사들이 많다. 하지만 호주는 목사가 별로 인기 직업(?)

이 아니기도 했고, 소명을 받은 사람이 아니면 목사가 되려고 하지 않는다. 목사의 수가 절대적으로 모자라서 생긴 것이 교구 제도(Parish, 세 교회를 두 목회자가 번갈아 돌보는 제도)다.

목회자 배우자를 위한 이번 수련회의 주제는 '예수 그리스도의 종 (A Servant of Christ)'이었다. 주강사가 주제 강의를 하고 나머지 몇 분 간은 그룹으로 나누어 의견을 나누었다. 부제는 '누구를 섬길 것인가 (Who to serve-that is the question)?'였다.

> ²⁴한 사람이 두 주인을 섬기지 못할 것이니 혹 이를 미워하고 저를 사랑하
> 거나 혹 이를 중히 여기고 저를 경히 여김이라 너희가 하나님과 재물을 겸
> 하여 섬기지 못하느니라(마 6:24)

무엇을 위해 죽을 것인가(What are you willing to die for)? 나는 누구를 섬기고 있는가(Who am I serving)? 둘 중 하나만 섬겨야 한다면 섬겨야 할 대상은 분명히 하나님이다. 그런데 의외로 많은 사람이 하나님 외에 자기도 모르게 섬기고 있는 대상이 '자기 자신'이라고 고백했다.

나도 스스로 반문해 보았다. 나는 하나님을 위해 일하고 있는가? 아니면 나 자신을 위해 일하고 있는가? 나는 예수 그리스도를 섬기고 있는가? 아니면 눈에 보이는 교회와 교인들을 섬기고 있는가?

눈에 보이는 교회와 교인들을 섬기는 것은 분명히 하나님이 원하시는 한 부분이다. 그러나 그 비중이 더 크다면 그것은 과연 누구를

위한 섬김인가?

쉬는 시간이었다. 진행자가 다가와서 다음에 '나의 이야기, 나의 노래(This is my story, this is my song)'라는 순서가 있는데, 나의 이야기와 노래를 들려주지 않겠냐고 물었다. 말하자면 간증을 하라는 것이다.

한국말이면 못할 것도 없고 노래하는 것도 어렵지 않았지만 영어로 해야 한다는 것에 잠시 망설여졌다. 하긴, 영어를 못해서 망신당할지도 모른다는 내 자존심만 접으면 못할 일도 없을 것이다!

"지혜를 주셔서 꼭 필요한 말을 하게 해 주십시오."

나는 속으로 기도했다. 그리스도와 함께 나는 이미 죽었다고 고백하니 마음이 편해졌다. 내 차례가 되어 앞으로 나가자 호기심에 찬 눈동자들이 나를 바라보고 있었다.

먼저 나를 소개한 다음에 가족 관계, 호주에 오게 된 동기와 이곳에 언제 왔는지를 말했다. 그리고 우리 가정의 영적인 배경들을 설명했다. 수많은 목사를 배출하면서 3대째 이어지는 신앙의 가정이며, 그럼에도 불구하고 고통의 연속이었던 나에 대해 고백했다. 잘되는 것 같다가 다시 문제 속에 빠지던 이민 목회에 대해서도 숨김없이 말했다.

나는 모든 것을 포기하고 목회를 그만두려던 순간에 나를 찾아오신 예수 그리스도를 간증했고, 예수님을 개인적으로 만난 후에 변화된 목회와 교회, 나 자신의 삶을 간증하게 되었다. 모두들 고개를 끄덕이며 공감해 주었다.

간증이 끝난 후에 〈예수 사랑하심은(Jesus loves me yes I know)〉이라

는 찬양을 불렀다. '날 사랑하심'이라는 후렴을 부를 때는 누가 시키지도 않았는데 청중이 다 같이 합창을 하는 것이 아닌가. 찬송을 부르며 눈물을 흘리는 사람도 있었다. 성령의 임재를 느낄 수가 있었다.

예수님은 우리를 사랑하고 계신다! 정말 그랬다. 그곳에는 호주 사람도, 통가 사람도, 인도네시아 사람도, 한국 사람도 없었다. 하나님이 사랑하시고 하나님을 사랑하는 하나님의 자녀들만이 있었다.

노래를 끝내고 자리에 돌아오자 정신이 번쩍 들었다. 갑자기 등이 서늘해졌다. '아니, 무슨 용기로 이 많은 사람 앞에서 영어로 간증한다고 한 거지?'

참 신기한 일이었다. 내가 생각해도 신기할 정도로 영어가 술술 나왔다. 급하니까 튀어나온 건가? 천만에! 기회만 되면 너무나 좋은 예수님을 전하고 싶은 내 중심을 아시고 그 순간 하나님이 입을 열어 주셨다고 믿는다. 성경에도 있지 않은가?

"만일 이 사람들이 잠잠하면 돌들이 소리 지르리라"(눅 19:40)

그날 나는 길가의 돌멩이였다.

#25   목이 터지라고

되돌아보면 나는 그리 착하고 얌전하고 순종적인 사모는 아니었다. 어려운 일이 닥칠 때마다 차분하게 기다리면서 엎드려 기도하기보다는 그 일을 해결하려고 몸부림을 쳤다. 젊은 시절에 내 마음은 억울함과 분노의 감정으로 가득 차 있었다. 무엇보다 내 상식으로는 이해가 되지 않는 일들로 쉽게 상처를 받았다. 그러다 보니 상처받기 일쑤여서 마음이 많이 아팠다.

한여름이었다. 시드니 근처 바닷가에 있는 작은 수양관을 빌려 전교인 수련회를 했다. 그날 나는 다른 사람에게는 말할 수 없는 많은 일을 겪어야 했고, 나 자신에 대해 짐짓 모른 척하시는 하나님에 대한 분노로 가득 차 있었다. 왜 하나님이 나에게 이렇게 하시는지, 왜 내가 힘든 것을 알아주시지 않는지, 왜 내가 이 일을 감당해야 하는지 도무지 이해가 되지 않았다.

오전 집회를 끝내고 모두들 점심 식사를 하러 식당으로 내려갔다. 나는 미적거리며 그 자리에 그냥 앉아 있었다. 마지막 사람이 나가자 교회는 텅 비었고, 나는 혼자였다. 아무도 없다는 것을 확인하고 나서 교회 문을 앞뒤로 걸어 잠그고 강대상 앞 맨바닥에 털썩 주저앉았다. 그리고 있는 힘을 다해 소리를 지르기 시작했다.

"주여!"

혹시나 누가 들을까 봐 다른 말을 할 수 없었다. 외마디 부르짖음 속에는 내가 하고 싶고 해야 하는 말들이 다 들어 있었다.

"주여!"

"아버지!"

나는 '주여!'와 '아버지!'만 번갈아 부르짖었다. 사람들은 내가 온 마음으로 기도한다고 생각했을지 모른다. 그러나 그것은 내 부르짖음에

예수님은 우리를 사랑하고 계신다!

정말 그랬다. 그곳에는 호주 사랑도, 통가 사랑도,

인도네시아 사랑도, 한국 사랑도 없었다.

하나님이 사랑하시고 하나님을 사랑하는

하나님의 자녀들만이 있었다.

응답하지 않으시는 하나님을 향한 최대의 반항이었고, 그렇게라도 하지 않으면 속이 터져버릴 것 같아 답답한 나머지 온힘을 다한 부르짖음이었다.

하나님이 내게 주신 달란트는 찬양이었다. 어릴 적부터 노래를 잘한다는 소리를 들었고, 기회가 있을 때마다 찬양을 했다. 성악가에게 목소리는 생명과도 같다. 몸이 악기라서 행여나 감기에 걸릴까 봐 목에 스카프를 감고 다니거나 물을 수시로 마시고, 조금만 컨디션이 나빠도 말을 아낄 만큼 유별나게 목을 아낀다. 무리하면 성대에 이상이 생겨 노래를 못하는 경우도 있기 때문이다.

그날 다시는 찬양하지 못한다고 해도 상관없다는 심정으로 있는 힘을 다해 소리를 지르고 있었다. 보통 10분에서 20분도 되기 전에 목이 쉬어 버린다. 나는 노래는 물론이고 말도 하지 못하기를 바라는 억하심정으로 '목이 터져 버리라고' 쉬지 않고 고래고래 생소리를 질렀다.

얼마나 지났을까? 하나님은 대답도 안 하시는데 혼자 소리를 지르다 보니 맥이 빠졌다. 나는 소리 지르기를 멈추고 하릴없이 강대상에 걸린 십자가를 멍하니 바라보았다. 오랫동안 쉬지 않고 소리를 지른 탓인지 목이 아프고 뱃가죽이 당겼다. 머리도 띵했다. 그 와중에 갑자기 배가 고프다는 생각마저 들었다.

그때였다. 갑자기 뒤통수를 쾅! 하고 얻어맞은 듯한 느낌이었다. 이게 뭐지? 생각해 보니 점심도 안 먹고 늦은 오후가 되도록 쉬지 않고 엄청나게 소리를 질러댔던 것이다.

'어떻게 이런 일이….'

그냥 생소리를 질러댔는데 목이 쉬지 않다니. 뒤늦게 그리 긴 시간을 내가 부르짖었다는 사실을 깨닫자 온몸에 소름이 돋았다. 상식적으로 도저히 이해가 되지 않는 사건이었다. 도무지 그럴 수 없는 일이었다. 아무리 생각해도 그분이 내 목소리를 잡고 계셨다는 것 외에 다른 답을 낼 수가 없었다.

한동안 그렇게 주저앉아서 십자가를 바라보다가 중얼거렸다.

"항복… 해야겠지요?"

나는 그렇게 하나님께 항복했다. 하나님이 분명하게 나를 보고 계시다는 것이 느껴졌는데, 더 이상 시멘트 바닥에 털버덕 주저앉아서 고래고래 소리 지를 이유가 없었다. 나는 그 자리에서 일어나 하릴없이 터덜터덜 숙소로 내려갔다. 사람들이 저녁 식사를 위해 식당으로 가고 있었다.

대여섯 시간이나 쉬지 않고 소리를 질러 보기는 내 평생 그때가 처음이자 마지막이었다. 그리고 내 것이라고 생각했던 모든 것이, 내 목소리조차 내 것이 아님을 새삼 알게 되었다.

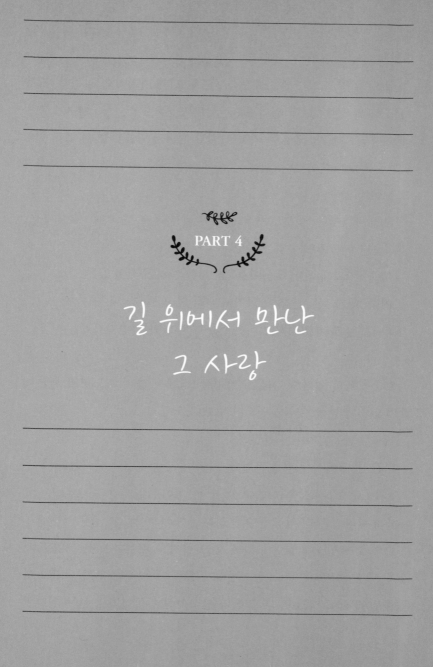

PART 4

길 위에서 만난
그 사랑

내 인생 길 모래밭에 예수님과 나, 두 개의 발자국이 있었다. 웬만하면 다 알 만한 '모래 위의 발자국'이라는 글을 기억할 것이다. 그런데 어쩌된 일인지, 내 삶이 가장 어렵고 견디기 힘들었을 때 모래 위의 발자국은 하나뿐이었다. 함께 걷고 계시던 예수님의 발자국은 사라지고 보이지 않았다.

'하필 예수님은 왜 그 고통의 순간에 나를 혼자 두고 떠나셨을까?'

서운한 마음에 예수님께 물었다.

"예수님! 그때 어디 계셨어요? 왜 저를 혼자 두셨어요?"

"얘야, 네가 걸어갈 힘이 없기에 너를 안고 걸었단다."

하나뿐인 모래 위의 발자국은 예수님의 발자국이었다.

호주에서의 일이다. 아무도 없는 교회에서 울며 기도하고 있는데 같이 있었던 한국에서 온 친구가 말했다.

"우리, 좋으신 하나님 찬양하자."

순간 내 안에서 울컥 올라왔다. 나는 자리에서 벌떡 일어섰다.

"나는 좋으신 하나님이라고 말할 수 없어. 내 사정도 모르시는데, 나한테 하나님은 더 이상 좋으신 하나님이 아니야!"

그렇게 어깃장을 놓듯이 말해 놓고 자리를 뛰쳐나왔다. 그만큼 아팠던 시간들이었다. 한국에서 뿌리가 뽑힌 채 이곳에 옮겨 심어야 하는 이민 생활이 힘들고, 내 진심과 상식이 받아들여지지 않는 인간관계가 고단하기만 했다.

지금도 나는 해외여행지에서 아무리 선후배라 해도 그 지역 선교사들을 가이드로 사용하는 것은 좋은 방법이 아니라고 생각한다. '우리 교회에서 후원하니까 괜찮아'라면서 마치 부하 직원 부리듯이 해서는 안 된다. 여행객이야 처음 가는 곳이라 신기하고 놀랍겠지만, 한국에서 온 손님들을 안내해야 하는 선교사들은 그런 일이 하도 많아서 신물이 난다. 유명한 관광지가 쳐다보기도 싫은 곳이 되어 버린다.

하루 종일 시간을 내어 최선을 다해 대접했는데도 마음에 들지 않는다며 '그 선교사는 대접이 소홀하다'는 뒷말을 해서도 안 된다. 해외에서 사역하다 보면 느끼는 점이 비슷하다. 처음에는 잘 대접하고 싶은 마음에 입장료가 비싸더라도 선뜻 안내하고 좋은 식당에서 식사를 대접한다. 그러나 그렇게 대접을 받고 돌아가면 경제적인 타격은 현지 선교사들이 떠안는다.

그러다 보면 하는 수 없이 입장료가 싸거나 아예 없는 곳을 중심으로 관광 안내를 하게 된다. 최소한 관광지 입장료나 식사비 정도를 지불해 준다면 현지에서 고생하는 선교사들에게는 큰 도움이 된다.

선교 후원은 지교회를 만들고 가끔씩 여행하기 위한 거점 마련을 위해 하는 것이 아니다. 내가 대접받기 위한 것이 아니라 하나님 나라의 확장을 위한 것이다.

지역 선교사들에게 상처가 되는 말 중 하나는 '이런 곳에 살고 있으니 얼마나 좋냐'는 말이다. 물론 좋은 의미로 하는 말이지만 해외 이민생활이 얼마나 고단한지를 안다면 그렇게 쉽게 할 수 있는 말이 아니다. 그런 말을 들으면 '한번 와서 살아 보시죠'라는 말이 목구멍 끝까지 올라온다.

한국에서 다니러 온 사람들은 현지 통역이 이루어지니 언어의 불편함도 없고 좋은 곳만 찾아서 관광만 잘하고 돌아가면 그만이지만, 현지에서 뒷바라지 하는 선교사들의 상대적 박탈감은 사실 엄청나다.

이민 목회라는 것이 꼭 모래성을 쌓는 것과 같아서 파도가 한 번 치면 맥없이 스러져 내린다. 아무리 노력해도 하루아침에 물거품이 되어버리는 현실 앞에서 애를 쓰다가 자포자기 상태에 빠진 이민 목회자들도 많다. 그런데 한국에서 탄탄한 교회 배경을 가지고 해외여행을 즐기며 여행 기금을 보태 준 교인들을 위해 비싼 품목을 쇼핑하는 목사님들을 보면 어떤 기분이 들지 상상이나 될까?

목회를 하는 동안 내 갈등의 대부분은 사람들과의 관계 문제였다. 경제적인 문제는 나를 힘들게 하지 않았다. 어쩌면 스스로 자원한 궁핍이었으니 그것에 대한 일말의 자부심도 있었다. 그런데 하나님은 한 번도 나를 실망시키신 적이 없었는데 왜 그렇게 사람들과의 관계가 힘이 들었을까?

그러나 되돌아보면, 에벤에셀의 하나님이 내 손을 놓으신 적은 한 번도 없었던 것 같다. 좌충우돌 시행착오를 겪으며 아파할 때도, 절망의 늪에서 살 소망을 잃었을 때도, 주님은 내 곁을 떠나지 않으셨다. 끝없이 하나님과 모세를 원망하던 이스라엘 백성처럼, 끊임없이 불평하고 믿음이 없는 나를 하나님은 한순간도 눈을 떼지 않고 보고 계셨다.

나는 아무리 생각해도 하나님의 은혜가 아니면 살 수 없는 사람이었다. 십자가의 그 사랑, 그 능력이 아니면 정말 아무것도 아니었다. 쓰러지고 싶어도 쓰러지지 않았던 것은, 내 강함이나 의지 때문이 아니라 에벤에셀의 하나님의 은혜 덕분이었다.

지금 나는 '좋으신 하나님'을 찬양한다. 여기까지 나를 도우신 하나님, 에벤에셀의 하나님. 나보다 나를 더 잘 아시는 참 좋으신 나의 하나님께 온 마음을 다해 영광을 올려드린다.

#27   맥스

맥스가 처음 우리 교회를 찾아 왔을 때는 영락없는 노숙자 모습이었다. 30대 후반인 듯 보이는 그는 며칠이나 씻지를 않았는지 때 묻고 꾀죄죄한 옷을 입고 있었고, 머리와 몸에서는 악취가 진동을 했다.

주일 아침, 맥스는 영어로 된 전도지 한 장을 들고 교회 앞에 엉거주춤 서 있었다. 우리 교회는 각국 사람들에게 문이 열어 놓아서 외국인을 위한 영어 동시통역 예배를 실시하고 있었고, 영어 전도지를 돌리며 전도하고 있었다.

나는 쭈뼛거리는 그를 반갑게 맞아 주었다. 퀭한 눈으로 나를 보더니 종이를 내밀며 그가 물었다.

"이거 진짜입니까?"

종이에는 '예수님을 믿으면 모든 문제에서 해방을 받습니다'라고 쓰여 있었다. 나는 "그럼요." 하면서 고개를 끄덕였다. 긴가민가하는 표정이었던 그는 일단 오늘 예배에 참석해 보겠다고 했다.

그날 예배 후에 따로 만난 맥스가 예수님을 영접했다는 것을 알 수 있었다. 그 다음 주일, 교회에서 깨끗이 씻고 단정한 옷차림을 한 맥스를 만났다. 딸아이의 통역으로 맥스와 정기적으로 성경 공부를 하던 나는 그의 태도와 표정이 달라지는 것을 보면서 놀라지 않을 수 없었다. 맥스는 다른 이야기는 멍하니 듣다가도 '예수 그리스도'라는 말이 나오면 눈빛이 반짝 빛났다. 집중해서 말씀도 잘 듣고 예배도 빠짐 없이 잘 참석했다.

나중에 알고 보니 그는 정신분열증 환자였다. 공원이나 집에서 여러 번 자살 시도를 했던 경험도 있었다. 호주에서는 중증의 정신분열증 환자는 일을 하지 못하기 때문에 나라에서 수당을 주며 관리를 한다. 수당도 믿을 만한 대리인을 세워서 두 주에 한 번씩 받아 가도록 하는데, 수당을 주면서 생존 확인을 하는 것이다.

정신분열증 환자 중에는 마약 중독자가 많다. 그들은 수당을 받으면 마약을 사느라고 받은 돈을 일주일 안에 다 써 버린다. 그리고 다음 수당이 나올 때까지 일주일은 거리나 공원 벤치에서 잠을 자고, 쓰레기통을 뒤져서 남이 먹다 버린 빵을 주워 먹으면서 거지꼴(?)로 지낸다. 한마디로 희망이 없는 인생이다.

맥스는 유복자였다. 어머니 배 속에서 7개월 되었을 때, 맥스의 아버지가 자살로 생을 마감했다. 맥스의 외삼촌도 자살을 했다. 집안에

꾜꾜꾜 ─ 쏘쏘쏘

맥스는 다른 이야기는 멍하니 듣다가도

'예수 그리스도'라는 말이 나오면 눈빛이 반짝

빛났다. 집중해서 말씀도 잘 듣고

예배도 빠짐없이 잘 참석했다.

나중에 알고 보니 그는 정신분열증 환자였다.

자살자가 여럿 있었다. 어머니는 유복자인 맥스를 낳고 재혼하지 않은 채 홀로 살았다. 그는 어려서부터 홀어머니와 둘이만 살았다.

어릴 때는 몰랐는데 점점 자라면서 그에게 심하게 집착하는 어머니를 병적으로 싫어했다. 독립할 수 있는 연령이 되자 그는 집을 뛰쳐나와서 방황하다가 마약 중독자가 되었다.

나는 그의 어머니를 만났다. 맥스의 어머니는 교회에서 멀지 않은 시티 근처의 작고 허름한 집에서 살고 있었다. 나에게 어머니는 아직도 맥스 방이 비어있으니 언제든지 집으로 돌아오라고 전해 달라고 부탁했다.

나는 맥스에게 어머니 집으로 돌아가라고 설득했다. 그래야 길에서 잠을 자지 않아도 되고, 최소한 숙식은 보장이 되니까 건강 문제도 해결될 것 같았다. 무엇보다 어머니가 간절하게 맥스가 돌아오기를 바라고 있었다.

그의 어머니를 통해서 알게 된 사실은 의외였다. 그는 어릴 적에 탤런트였고 광고 모델로도 활동했다는 것이다. 하이스쿨에 다닐 때까지는 아주 똑똑하고 잘생긴 학생이었다며 그의 어머니는 한참 자랑을 했다. 그리고 허술한 종이 박스에 담겨 있던 맥스가 활동했을 당시 사진들을 꺼내 보여 주었다. 맥스의 얼굴이 나온 치약이랑 과자, 여러 상품과 잡지의 표지들, 모델로 활동할 때의 사진들이었다.

맥스는 그리스도를 주님으로 고백하고 성경 공부를 하면서 조금씩 달라지기 시작했다. 그는 주일 예배에 꼬박꼬박 참석을 했고, 마침내 그렇게 싫어하던 집으로 들어갔다. 맥스가 돌아오자 그의 어머니는 뛸 듯이 기뻐했다. 긴 시간 혼자 외롭게 살다가 애지중지하던 아들이 돌아왔으니 얼마나 기뻤을까?

그런데 문제는 어머니였다. 아들이 또 떠날까 봐 안달을 했고, 맥스를 꼭 인형같이 다루었다. 다 자란 성인인데도 꼼짝 못하게 하고 자기의 말에 절대 복종하기를 원했다. 사랑해서 그런다면서 끊임없이 이런저런 잔소리를 했다. 맥스가 집안일을 돕지 않는다거나 식비를 내지 않는다고 불평을 하기도 했다.

어머니의 지나친 잔소리와 간섭을 견디지 못한 맥스는 또 다시 도망치듯 집을 나가더니 시드니로 가 버렸다.

정신분열증 환자는 한 곳에 잘 정착하지 못한다. 맥스가 온다간다 소리도 없이 사라지고 얼마간의 시간이 지났다. 시드니에 있는 보호소에서 전화가 왔다. 담당자는 맥스가 우리 부부를 찾는다며 다녀갈 수 있겠냐고 물었다. 우리는 먼 길을 마다않고 달려갔다.

보호소는 마치 감옥처럼 수많은 철문으로 겹겹이 싸여져 있었다. 높은 철문을 몇 개나 통과한 후에야 우리는 맥스를 만날 수 있었다. 우리를 보자 맥스는 희미하게 웃었다. 눈에 초점이 없어 보였고, 왠지 모르게 말이 더 어눌했다.

그는 두 번의 전기 충격을 받았다고 했다. 동물이 아닌 사람에게는 전기 충격을 한 번 이상 하지 않는 것이 일반적이라고 한다. 그런데 맥스의 상태가 심각하다 보니 두 번이나 시행한 것 같았다. 전기 충격은 말하자면 발작해서 타인에게 피해를 끼치지 못하도록 눌러 놓는 조치였다. 그는 두 번의 전기 충격으로 거의 폐인처럼 보였다. 그렇게 헤어진 채 우리는 호주를 떠났다.

지금 생각하면 참 마음이 아프다. 예수님의 이야기를 들으면 눈빛이 반짝이던 가엾은 맥스는 지금 어디서 무얼 하고 있을까?

#28   켄

우리가 외국인에게 관심을 가져야 한다는 생각을 하게 만든 첫 번째 사람이 켄이었다. 켄도 맥스처럼 영어 전도지를 들고 자진해서 교회를 찾아왔다.

그는 외형적으로는 아무런 문제가 없어 보였다. 직업도 있었고 차림새도 단정했다. 그는 1년이 넘도록 꼬박꼬박 주일 예배에 참석했고, 일주일에 한 번은 딸아이의 통역으로 성경 공부도 했다. 성경 공부를 하면서 그는 평탄치 못했던 자신의 삶을 조금씩 드러냈다.

켄은 말레이시아인 부인과 이혼하고 일곱 살 된 아들 하나를 키우고 있었다. 그의 전 부인은 말레이시아식의 특이한 전통 신앙에 빠져서 가정을 팽개쳐 버렸다. 가정을 지키려고 애를 쓰던 켄은 할 수 없이 부인과 이혼을 했다.

그런데 하나밖에 없는 아들이 어려서부터 이상한 것을 보거나 들으며 굉장히 고통스러워한다는 것이다. 아들은 그런 날이면 진이 빠져서 학교에도 가지 못했다.

켄은 행복하지 못한 어린 시절을 보냈다. 어머니는 일찍이 돌아가셨고, 아버지는 알코올 중독자이면서 무능력했다. 아버지와 둘이 살았던 켄은 아버지를 너무 미워했다. 이미 십수 년이 지났는데도 아버지 이야기를 꺼내는 켄의 표정은 딱딱하게 굳어졌고, 말투에는 증오가 묻어 나왔다. 그가 성장하여 독립하게 되자, 아버지의 그림자를 지우기 위해 아예 성(姓)을 바꾸어 버렸다.

그는 우연히 중국 쪽에서 위장 결혼 제의를 받고 중국 여자를 만났다. 위장 결혼은 실제로 결혼 생활을 하는 것이 아니고, 돈만 받고 호주에 초청해서 정착하면 이혼을 해 주는 조건이었다. 지금은 법이 엄격해서 그렇게 할 수 없지만 그 당시 몇 차례 정도 위장 결혼이 가능했고, 꽤 많은 돈을 받을 수 있었다.

켄은 그렇게 받은 돈으로 술을 먹고, 좋은 자동차를 사면서 허비한 후, 돈이 떨어지면 다시 손쉽게 돈을 벌 수 있는 위장 결혼을 했다. 아버지를 그렇게 증오하면서도 켄 역시 아버지처럼 살고 있었다. 어린 시절의 상처가 어른이 되어서도 어떤 영향을 끼치는지 켄을 보며 잘 알 수 있었다.

그러던 어느 날이었다. 그는 아들이 자기처럼 살기를 원하지 않는다면서 아들에게도 복음을 전해 주면 안 되겠냐고 물었다. 물론 그렇게 하겠다고 했다.

때마침 센트럴 파크에서 바비큐 파티를 하는 교회 행사가 있었다.

나는 켄에게 점심도 먹을 겸 아들과 함께 그곳으로 오라고 했다. 그의 아들은 얼굴이 좀 어두워 보이기는 했지만 얼핏 보기에 별 문제가 없어 보이는 어린아이였다.

아이는 복음을 전하자 아주 집중해서 잘 들었다. 파크는 야외라서 주위가 산만하고 집중하기가 어려웠다. 사방에서 아이들이 떠들며 뛰어다녔고 신나게 노는 소리가 시끄러웠지만 그 아이는 요동하지 않고 말씀을 들었다. 말씀을 듣는 내내 자세 한번 흐트러지지 않았다. 나는 아이에게 복음을 전하고 나서 물었다.

"예수님을 믿겠니?"

아이는 고개를 끄덕였고, 나는 재차 물었다.

"예수님이 네 마음에 들어가셔서 주인이 되시기를 원하니?"

"네!"

아이는 망설임 없이 대답했다. 그러고 나서 나는 켄의 아들의 손을 잡고 영접 기도를 했다. 그 아이는 정확하게 영접 기도를 따라서 했다. 예수님을 영접한 후 그 아이는 밝은 표정으로 파크를 뛰어 다녔다. 지금쯤 그 아이는 청년이 되었을 것이다. 켄과 그 아들은 지금 어떻게 지내고 있을까?

#29 　　　　　　　　　　　　　　　빌라우드에서 온 편지

빌라우드는 시드니 남서부에 위치한 동네다. 그곳은 불법 체류자들을 위한 '불법 체류자 수용소(Villawood detention center)'가 있어서 '빌라우드' 하면 반사적으로 '수용소'를 연상하게 된다.

말로만 듣던 빌라우드 수용소를 거의 매주 찾아가게 된 것은 K자매가 그곳에 들어간 후부터였다. 중국 동포인 K자매는 남편을 찾아 호주에 온 지 얼마 되지 않아서 갑작스런 이민 경찰 단속에 걸려 체포되었다.

처음 면회를 갔을 때 그녀는 너무나 낙심이 되어 눈물만 흘리고 있었다. 극심한 환경의 변화가 두려워서 안절부절 못하는 모습이 얼마나 안쓰러운지 어떤 위로의 말도 할 수가 없었다. 나는 그냥 손을 꼭 잡고 같이 눈물만 흘렸다.

며칠 후 K자매의 남편이 우리를 찾아왔다. K자매의 남편은 호주에서 예수를 믿은 사람이다. 복음의 중요성을 아는 그는 수용소에 있는 자기 아내가 예수를 믿고 믿음이 자라도록 성경 공부를 좀 시켜 달라고 부탁을 했다.

그 이후로 우리는 매주 그곳을 방문해서 성경 공부를 했다. K자매는 첫날 복음 메시지를 듣고 예수님을 구주로 영접했다. 그리고 정말 기뻐했다. 매주 그곳에 갈 때마다 믿음이 얼마나 쑥쑥 자라는지 그것을 보는 우리도 기뻤다. 힘이 드는 줄도 모르고 캔버라에서 시드니까지 네다섯 시간 이상 걸리는 그 먼 길을 매주 오르내렸다.

한 사람을 위해 매주 하루를 온전히 투자(?)한다는 것은 생각처럼 그리 쉬운 일은 아니었다. 빌라우드에 면회를 가 본 사람들은 알겠지만, 면회를 하려면 여름 땡볕 아래 두어 시간씩 줄을 서서 기다려야 한다. 검문 검색도 무척 까다롭다.

물론 우리나라처럼 좁은 방 안에서 면회하는 것이 아니라 철조망 안의 잔디밭에서 자유롭게 이야기하고, 준비한 밥이나 간식을 같이 먹을 수도 있다. 하지만 빌라우드에 다녀오면 너무 피곤하고 지쳐서 한 번쯤은 쉬고 싶다는 생각이 저절로 들었다.

그러나 말씀을 사모하며 기다릴 K자매를 생각하면 벌떡 일어나지 않을 수가 없었다. 우리가 직접 중국에 가서 선교하는 것은 한계가 있는데 K자매를 통해 중국에 복음이 들어갈 수 있다면 이보다 더 좋을 수는 없는 것 아닌가?

어느 날인가, K자매가 이런 말을 했다.

"제가 여기 들어오지 않았더라면 예수님을 몰랐을 텐데 오히려 감사해요. 여기 있는 동안 하나님께서 믿음이 자라도록 훈련시키시는 기간이라고 믿고 열심히 성경 공부를 하겠습니다."

그 말을 듣고 깜짝 놀랐다. 수용소란 곳이 어떤 곳인가? 개인의 꿈과 희망을 한꺼번에 빼앗아 가 버린 곳이다. 믿음이 있던 사람들도 그곳에 들어가면 믿음이 떨어지는 곳이다.

게다가 중국 동포들은 호주에 오기 위해 엄청난 빚을 지고 들어온다. 돈도 제대로 벌어 보지 못하고 붙잡혀서 추방 날짜만 기다리고 있으니 얼마나 기가 막혔을까? 그런 상태에서 어떻게 빈말인들 감사하다고 할 수 있으며 하나님이 훈련시키시는 기회라고 고백할 수 있을까? 우리는 갈 때마다 큰 은혜를 받고 돌아왔다.

그러던 어느 날이었다. 면회를 끝내고 나올 무렵에 K자매가 잠시 머뭇머뭇하더니 손에 쥐고 있던 20불짜리 지폐를 내밀었다. 수용소 안에 있는 교회를 청소한 대가로 전화를 걸 수 있는 10불짜리 티켓 세 장을 받았다고 했다. 그 티켓 세 장 중에서 한 장은 자기가 쓰고 두 장은 헌금하려고 팔았단다. K자매는 미안해했다.

"너무 적어서 어떻게 해요?"

수용소는 돈이 아주 귀하다. 꼼짝달싹할 수 없이 갇혀있으니 의지할 것이 돈밖에 없다. 그런데 예수를 믿은 지 얼마 되지 않은 K자매의 헌금을 보니 목이 메었다. 그것은 20불이 아니라 200불 아니, 2천 불보다 훨씬 값진, 성경에 나오는 과부의 두 렙돈과도 같은 헌금이었다.

[41]예수께서 헌금함을 대하여 앉으사 무리가 어떻게 헌금함에 돈 넣는가를 보실새 여러 부자는 많이 넣는데 [42]한 가난한 과부는 와서 두 렙돈 곧 한 고드란트를 넣는지라 [43]예수께서 제자들을 불러다가 이르시되 내가 진실로 너희에게 이르노니 이 가난한 과부는 헌금함에 넣는 모든 사람보다 많이 넣었도다 [44]그들은 다 그 풍족한 중에서 넣었거니와 이 과부는 그 가난한 중에서 자기의 모든 소유 곧 생활비 전부를 넣었느니라 하시니라(막 12:41-44)

[1]예수께서 눈을 들어 부자들이 헌금함에 헌금 넣는 것을 보시고 [2]또 어떤 가난한 과부가 두 렙돈 넣는 것을 보시고 [3]이르시되 내가 참으로 너희에게 말하노니 이 가난한 과부가 다른 모든 사람보다 많이 넣었도다 [4]저들은 그 풍족한 중에서 헌금을 넣었거니와 이 과부는 그 가난한 중에서 자기가 가

부자와 가난한 과부가 등장하는 본문에서 예수님은 부자보다 과부의 헌금을 더욱 귀하게 평가하신다. 부자는 가진 것의 일부를 내어 놓은 것이지만 과부는 전부를 드린 것이었기 때문이다.

자기 소유의 전부를 내어 놓을 수 있는 것은 물질의 주권이 이미 나의 손을 떠나 주의 손에 있음을 인정하는 것이다. K자매는 이미 그것을 깨달아 알고 있었다. 그러니 과부의 두 렙돈을 축복하신 예수님께서 K자매의 헌금도 축복하셨으리라 믿는다.

#30   다르다 & 틀리다

해외에서 살다 보면 언어의 장벽과 문화의 차이가 생각보다 심각하다. 그러다 보니 이런저런 이유로 웃지 못할 에피소드가 많다. 당시는 심각했지만 지금 생각하면 얼굴이 빨개지도록 창피했던 일이 한둘이 아니다.

외국에서 영어로 공부한다는 것은 생각처럼 쉽지 않다. 강의 도중에 교수가 농담을 하면 남들은 큰소리를 내며 웃는다. 그런데 왜 웃는지 몰라서 혼자 멀뚱하니 앉아 있노라면 등으로 식은땀이 주룩 흐르기도 했다.

빠른 영어로 진행되는 강의를 따라가지 못하는 날은 머리가 지끈

거리거나 물에 빠진 듯 멍할 때도 많았다. 결국 교수에게 양해를 구하고는 강의를 녹음하려고 늘 맨 앞자리에 앉았다. 그렇게라도 하지 않으면 도무지 따라갈 수가 없었다. 개중에 기억나는 일이 있다.

수업 시간인데, 내 차례가 되어서 프레젠테이션(Presentation)을 했다. 모자라는 영어로 간신히 끝낸 후, 질문 받을 시간이었다. 그렇지 않아도 잔뜩 주눅이 들어 있는데, 어떤 사람이 질문을 했다. 약간 인종차별적인 사고를 가지고 있어서 평상시에 별로 친하지 않던 사람이었다.

그의 질문을 받자 순간 욱하는 감정이 치솟았다. 그것은 잘못 들으면, 동양인이니까 골탕 좀 먹여보자는 것처럼 느낄 정도로 짓궂은 질문이었다. '1+1=2'라고 선명하게 답이 나올 수 있는 주제가 아니었던 만큼 얼마나 조리 있게 자기주장을 할 수 있느냐?가 관건이었다.

"당신의 질문이 지금 내가 말한 주제와 무슨 관계가 있죠?"

나는 다소 긴장한 목소리로 되물었다. 내 표현이 직선적이라고 느껴졌는지 그는 "흥분하지 말고 진정해요." 하더니 이러저러한 의도로 물었다고 부연 설명을 했다.

이미 감정의 평정심을 잃은 나는 그의 질문을 들으면서 '이 사람이 나를 골탕 먹이려고 하는구나.' 하는 생각과 감정에서 벗어날 수 없었다. 잔뜩 속이 상한 채 설명을 하다가 언어의 한계에 부딪히자 그만 눈물이 먼저 쏟아져 버렸다. 한번 눈물이 쏟아지자 그동안 답답하고 억울했던 일들까지 합세해서 도저히 멈출 수 없게 되었다. 나는 부끄러운 줄도 모르고 어린아이처럼 울어버렸다.

지도 교수는 나를 자기 방으로 데려갔다. 그리고 우는 내 어깨를 두드리며 위로해 주었다. 간신히 울음을 멈추자 걱정스레 나를 보며 "괜찮나요?" 하고 물었다. "괜찮아요." 하고 대답한 나는 이어서 "그 사람은 나빠요. 나를 골탕 먹이려고 했고, 그는 틀렸어요."라고 말했다.

그러자 지도 교수가 말했다.

"그는 틀리지 않았어요."

"그럼, 내가 틀린 건가요?"

나는 놀라서 되물었다.

"아니, 당신도 틀리지 않았어요. 당신과 그는 생각과 표현 방법이 다를 뿐입니다. 만약에 당신이 감정을 절제하고 의견을 말하는 훈련을 하지 않으면 앞으로는 다른 사람들과 토론하기가 어려울 거예요."

냉정한 충고였다. 한동안 이민자로서 상처가 심했던 당시의 나로서는 눈물이 확 쏟아질 것 같이 서운한 말이었다. '같은 호주인이라고 그 사람 편을 드는구나.' 하는 생각마저 들었다.

그때 그 말은 내게 좋은 경험이 되었다. 아직도 그 충고를 가슴 깊이 새기고 가능한 감정에 휩싸이지 않으려고 노력한다. 틀린 것이 아니라 다르다는 사실을 알았기 때문이다.

틀림과 다름의 문제는 부부 사이에도 중요한 이슈다. 남편과 나는 많이 다르다. 틀린 것이 아니라 다르다. 비슷한 점도 많지만, 정작 중요한 부분은 많이 다르다. 생각하는 것도 다르고 취미와 가치관도 부분 부분이 참 다르다. 마치 물과 기름과 같다. '어떻게 이렇게 다른 사

람과 한 평생을 살아왔을까?'라는 생각을 들면 그것 자체가 기적인지
도 모르겠다.

예를 들어, 나는 미리미리 계획을 세우고 일을 해야 안심을 하는 타
입이다. 이삼 일 전에는 일을 마무리 하고 다시 한번 점검한다. 가능
하면 실수를 하지 않으려고 철저하게 준비하는 편이다. 그런데 남편
은 계속 놀다가(?) 하루 이틀 전에 일을 몰아서 하는 타입이다. 그래야
에너지가 집중되어서 일이 잘된단다. 내가 일을 마무리하고 좀 쉬어
야 하는 시간에 남편은 일을 시작한다.

혼자 하는 일이라면 상관없지만 교회 일이라는 것이 여럿이 같이
해야 하는데 코 밑에 닥쳐서 일을 시작하면 그 템포를 따라가기 위해
며칠간은 정신이 없다. 방향도 계획도 모두 남편의 머릿속에 있으니
명령이 떨어질 때까지 손 놓고 기다리는 수밖에 없다.

미리미리 준비하면 안 되겠냐는 내 말이 그에게는 잔소리처럼 들
리는 것 같았다. 그는 내 잔소리에 기분 나빠하고 나는 준비성 없이
자기 마음대로 하는 남편에 짜증이 났다.

젊을 때는 '언젠가는 고쳐지겠지' 하는 희망으로 살았다. 그런데 40
여 년을 살며 깨달은 것은 사람의 타고난 성품은 잘 고쳐지지 않는다
는 것이었다. 또 틀림이 아니라 다르다는 것을 인정하게 되었다. 이제
는 내가 아무리 안달복달을 해도 안 되는 건 절대로 안 된다는 걸 알아
서 적당히 포기하면서 산다. '적군(?) 같은 아군'으로 그렇게 살아간다.

남편과 많이 다르다는 것은 목회의 어려움과 함께 평생 가슴을 찌
르는 가시였다. 갈라설 수도, 도망갈 수도 없는 현실 속에서 나는 발

남편을 의지할 수 없고 믿을 수도 없었기에 나는
무조건 하나님께 달려갔다. 그리고 미주알고주알
일러바쳤다. 그렇게 하나님과의 대화가
시작되었다. 대화가 깊어질수록, 하나님은 내 상한
마음을 깊이 어루만지고 따뜻하게 위로해 주셨다.

만 동동 굴렀다. 교인들로 인한 상처보다 남편에게서 받는 상처가 훨씬 크게 느껴졌다.

아이러니컬하게도 지금 생각해 보면 남편과 내가 다르다는 것은 하나님께서 내게 주신 가장 큰 감사의 조건이었다. 남편을 의지할 수 없고 믿을 수도 없었기에 나는 무조건 하나님께 달려갔다. 그리고 미주알고주알 일러바쳤다. 그렇게 하나님과의 대화가 시작되었다.

대화가 깊어질수록, 하나님은 내 상한 마음을 깊이 어루만지고 따뜻하게 위로해 주셨다. 그 위로와 사랑이 너무나 커서 나는 다시 힘을 얻고 씩씩하게 사역의 현장으로 되돌아갔다.

만일 남편과 사이가 너무 좋았다면, 남편이 우상이 되었을지도 모르겠다. 어쩌면 하나님 없이는 살아도 남편 없이는 살 수 없었을지도 모른다. 물론 남편과 매일 불화하는 것은 아니다. 이제는 서로가 적정선을 지키며 대부분은 평화롭게(?) 살고 있다.

이제 와서 생각하니, 하나님만 바라보게 하신 은혜는 내 삶에 필요충분한 감사 조건이었다. 생각하면 할수록 너무너무 감사하다. 그래서 감사 하나 추가요!

#31   앤슬리 할머니

그분을 앤슬리(Anslie)라는 동네에 살아서 '앤슬리 할머니'라고 불렀다. 경우 바르고 좋은 분이었지만 아주 독실한 불교 신자라서 '예수'

이야기만 나오면 완강하게 고개를 흔들며 듣지 않았다.

그렇게 몇 년이 지났을 것이다. 할머니가 암에 걸려 호스피스 병동에 계신다는 연락을 받았다. 우리는 바쁜 사역을 제치고 달려갔다. 병실에 들어가자 큰딸이 할머니의 귀에 대고 말했다.

"어머니! 임 목사님과 사모님 오셨어요."

할머니는 희미한 미소를 지으셨다. 예전에는 임종을 앞둔 환자보다 환자 가족만 위로하고 돌아왔다. 그러나 '이 영혼이 예수님을 모르고 돌아가시면 어쩌나?' 하는 생각이 들자 다급해졌다. 나는 할머니의 손을 꼭 잡고 귀에 대고 말했다.

"할머니! 평생 불교를 믿으셨어도 이 순간 예수님을 믿으면 천국에 갑니다. 예수님만이 천국 가는 길이예요."

그리고 해당되는 성경 구절들을 암송해 드렸다. 그런데 참 이상한 일이었다. 반가워하던 할머니의 얼굴이 점점 사납게(?) 굳어졌다. 할머니는 내게 잡힌 손을 빼려고 손목을 뒤틀었다.

이미 말문이 닫힌 할머니는 온몸으로 복음 듣기를 거부하고 있었다. 얼마나 힘이 센지, 임종을 앞둔 환자의 힘이라고 보기 어려울 정도였다. 옆에서 보고 있던 남편이 할머니 곁에 다가서서 단도직입적으로 물었다.

"할머니! 천국에 가고 싶으세요? 지옥에 가고 싶으세요?"

손을 빼려고 용을 쓰던 할머니가 동작을 멈췄다. 그러고는 아무런 반응을 보이지 않고 가만히 있었다.

"천국에 가고 싶으세요?"

남편이 다시 물었다.

"……."

잠시 망설이던 할머니가 보일락 말락 고개를 끄덕였다. 나는 깜짝 놀랐다. 엄마를 간호하러 한국에서 온 작은 딸이 '예수' 이야기만 꺼내도 "네 집으로 가라!"고 소리치셨다는 할머니였다.

그 영혼이 안타까워서 전도를 시작했지만, 평소에 예수라면 질색을 하던 할머니가 정말로 예수를 믿으리라는 기대는 하지 못했다. 그런데 그 할머니가 내 눈 앞에서 고개를 끄덕이고 계셨다.

"할머니가 팔십 평생 불교를 믿었어도, 지금 이 순간 예수님을 그리스도로 믿고 받아들이면 구원을 받고 천국에 갑니다."

할머니는 가만히 듣고 계셨다.

"예수 믿으실래요?"

할머니는 고개를 끄덕끄덕하셨다.

"할머니! 말씀을 못하시니 속으로 따라 하세요."

할머니가 또 고개를 끄덕였다. 남편은 복음을 전한 후 영접 초청을 했다.

"하나님! 하나님을 떠나 죄와 사탄의 종노릇하던 죄인입니다. 이제 예수님을 그리스도로 제 마음에 모십니다. 제 영혼 속에 들어오셔서 영원히 주인이 되어 주십시오. 예수님 이름으로 기도합니다. 아멘."

남편이 한마디씩 영접 기도를 인도하는 동안, 생각지도 못했는데 주위에 있던 다른 가족들이 다 같이 따라서 영접 기도를 했다. 기도가 끝나고 남편이 물었다.

"따라 하셨어요?"

할머니가 고개를 끄덕였다.

"이 순간 할머니는 구원받은 하나님의 자녀로 천국을 보장받았습니다. 이것은 성경에 기록된 하나님의 약속입니다."

할머니의 얼굴이 눈에 띄게 밝아졌다. "세례를 받으시겠어요?" 하고 물으니 또 고개를 끄덕였다. 물을 좀 가져오라고 해서 즉석에서 세례를 베풀었다. 집사인 막내딸은 너무 기쁜 나머지 옆에서 계속 울고 있었다.

다음 날 찾아가니 이미 귀가 닫히고 의식이 없었다. 그리고 다음 날 일찍 할머니는 세상을 떠나셨다. 하루만 늦었어도 구원받을 수 없었을 텐데, 참 복이 많은 할머니셨다.

할머니는 생전에 불교식으로 장례를 치르겠다고 시드니에 있는 승려에게 비용까지 다 지불하고 미리 예약을 하셨다고 했다. 그런데 가족들이 어머니가 예수를 믿고 돌아가셨으니 교회에서 장례를 하겠다고 했다. 그래서 교회에서 장례를 치렀다.

'이래서 우리는 숨이 넘어가는 마지막 순간까지 영혼을 포기하지 말고 복음을 전해야 하는구나.'

귀중한 영혼이 구원받으며 느낀 새로운 깨달음이었다.

십수 년 전, 호주에서의 일이다. 하이스쿨 때부터 아들의 오랜 친구 이던 독일계 호주인인 언드레이가 급성 바이러스성 질병에 걸려 하루 만에 갑자기 숨을 거두었다. 겨우 스물두 살이었고, 평소에는 감기 한 번 걸리지 않을 정도로 건강하던 청년이었다.

우리나라였다면 악상 중의 악상이다. 장례식장은 당연히 눈물바다 가 되고 유족과 친지들은 슬픔에 잠겨 정신이 없었을 것이다. 언드레 이의 장례식에 참석하면서 나는 커다란 문화 충격을 받았다. 우리 같 으면 상주는 아무것도 할 수 없었을 텐데, 교회에서 진행된 장례식에 서 언드레이의 온 가족이 순서를 맡았다.

할머니와 어머니가 성경 봉독을 했고, 누나는 언드레이와의 일화를 소개하며 그가 얼마나 좋은 동생이었는지를 말했다. 이야기 도중에 몇 차례 울음이 터질 뻔했지만, 누나는 끝까지 감정을 절제하고 자기 가 맡은 순서를 무사히 끝냈다. 그것은 분명히 슬픔이었지만, 모든 것 을 드러내지 않는 절제된 슬픔이었다.

가장 인상 깊었던 것은, "언드레이를 우리에게 보내 주셔서 지난 22년간 그와 함께 행복한 시간들을 보낼 수 있도록 해 주신 하나님께 감사합니다."라는 언드레이 아버지의 말씀이었다.

아무리 돈독한 신앙인이라도 힘들여 키워서 대학까지 졸업시켰는 데, 하나밖에 없는 아들이 하루아침에 숨을 거두면 감사하다는 말이 나오지 않을 것이다. "왜 하필 나에게 이런 일이 일어나죠?" 하며 하나님을 원망할지도 모른다. 그런데 그는 하나님께 감사하다고 말하고 있었다.

집례자인 목사님은 전도서를 읽고는 "사람은 누구나 다 한번은 죽습니다. 어느 누구도 스물두 살의 건강하던 젊은이의 장례식에 참석하리라고는 생각하지 못했을 것입니다. 모든 것은 때가 있습니다. 날 때가 있으면 죽을 때가 있습니다. 지금은 언드레이의 죽을 때인 것 같습니다."라고 설교를 했다. 한국 같으면 시험에 들어도 크게 시험에 들 표현이다. 그러나 모두들 그 말씀을 당연하게 받아들였다.

우리는 개인의 슬픔이 크면, 다른 사람을 배려하는 여유가 없다. 그런데 언드레이의 부모님은 조화나 조의금 일체를 사양하고, 아들이 죽은 병의 원인과 치료 방법을 연구하는 단체에 조의금을 대신 기부해 달라고 부탁했다. 그리고 그 병의 원인과 치료에 대한 연구가 계속되어서 다른 피해자가 없기를 바란다고 했다.

서양 사회가 왜 발전하는지를 아주 조금이나마 알 수 있는 부분이었다. 아직도 언드레이의 모습이 눈에 선하다.

#33   S권사님을 추모하며

목회란 아무리 많이 해도 마스터할 수 없는 불가사의한 일이다. 같은 일을 20년 이상 반복하면 굉장히 익숙해져서, 〈생활의 달인〉이라는 TV 프로그램에도 나온다. 그런데, 목회는 40여 년을 해도, 날마다 새롭고, 늘 처음인 것처럼 가슴이 떨린다.

젊은 시절, 수많은 시행착오를 거쳐 웬만한 일에는 끄떡도 않는 관록(?)이 생겼다. 하지만 아직도 과거와 유사한 상황에 처하면 어찌해야 할지 몰라서 심장이 옥죄이고 간이 쪼그라지는 통증을 느낀다.

물론 주님의 사명을 감당하는 일인 목회에 통달했다는 말은 있을 수 없는 말이다. 하지만 도대체 얼마큼 목회를 해야 목회에 통달(?)은 고사하고 밑바닥에서는 벗어날 수 있을지 정말 모르겠다. 목회 40년을 앞두고 많은 생각을 하게 된다.

시간이 지나도 좀처럼 믿음이 자라지 않는 기이한 한국 교인들과 한국 교회의 현실을 보면 목회의 연수가 늘어날수록 가슴은 더 답답해진다. 물론 문제를 인식한다고 해서 문제를 풀 힘이 생기는 것은 아니다. '크리스천'이 아니라 '교인'이 되어가는 수많은 사람을 보면 안타까운 마음을 금할 수 없다.

아무리 답답해도 문제가 해결되지 않으니 어쩔 수 없어 체념하고 무기력해지거나, 시대의 흐름에 편승해서 살길을 찾는 영리한 직업 목사가 되거나, 어떻게 하든지 사람마다 생존의 방법은 다를 것이다.

젊을 때는 다른 교회에 문제가 생기면, 목회자가 목회를 잘못해서 그런 것 같았고, 나는 그런 문제가 없을 것이라는 철없는 생각을 했었다. 그러나 오래 목회를 하다 보니, 그것은 누구의 잘잘못을 떠나서 우리 모든 목회자의 공통적인 아픈 손가락임을 알게 되었다.

요즈음에는 이상한 신앙과 사상을 가진 목사들이 하도 많아서 모든 목사가 다 상식적이라고 하기는 참 조심스럽다. 때로는 목회자의 잘못으로 성도들이 오히려 고통을 당하는 경우도 있기는 하다.

그러나 상식적이고 보편적인 목회자들이라면 교회 문제에 대해서 단 한마디만 이야기해도 서로 이해하며 같이 아파한다. 그럼에도 불구하고 요즈음의 교회 문제는 아무리 이해하려 해도 이해가 되지 않고 아무리 겪어도 마스터할 수 없는 감정 중의 하나다.

수없이 겪어도 마스터할 수 없는 또 하나의 감정은 사랑하던 성도님들과의 사별이다. 영적으로는 천국의 소망이 있으니 마냥 슬퍼할 일은 아니다. 그러나 육신적으로 다시 볼 수 없고 따뜻한 음성을 들을 수도 없으니 마음이 정말 아프다. 오랜 시간 동안 수많은 성도님과의 만남과 헤어짐을 반복하면서도 헤어짐에 대한 면역이 생기지 않는 걸 보면, 이것 역시 마스터할 수 없는 일 중의 하나인 것 같다.

언젠가 두 주간 동안 매주 한 분씩 사랑하는 권사님들을 하늘나라로 보내드린 적이 있다. 아직 70대 초반인데 동네 병원에서 링거를 맞다가 갑자기 돌아가신 권사님도 계셨다. 하루 전까지 건강하게 생일 파티를 하셨던 권사님의 별세 소식을 들었을 때의 충격은 가족의 갑작스런 사망 소식을 듣는 것처럼 컸다.

아직도 그 권사님이 계시던 자리를 보면 가슴이 얼얼하다. 그중에서도 정말 아름답고 깔끔하게 주변을 정리하고 천국으로 가신, S권사님이 생각난다.

S권사님은 지극히 평범한 할머니셨다. 많이 배운 분도 아니고 재산이 많은 분도 아니었다. 1년 반 전에 처음 폐암 선고를 받았을 때 권사

님은 "저는 천국에 확신이 있어요. 죽는 것이 두렵지 않아요."라고 웃으면서 말씀하셨다.

그리고 돌아가실 때까지 단 한 번도 얼굴을 찡그린 적이 없었다. 아무리 날이 궂어도 매주 토요일 전도 팀에 빠지지 않았고, 암 투병을 하는 환자라고 느끼지 못할 정도로 다른 사람들에게 매번 긍정 에너지를 나누어 주셨다. 늘 밝았고, 늘 감사하는 삶을 사셨다.

권사님은 돌아가시기 두 주 전까지 주일 성수를 하셨다. 상태가 악화되어 단기 응급 병동을 거쳐 입원하고, 일주일 만에 천국에 가실 때까지, 상태가 위중한 것을 주변 사람들이 눈치 채지 못할 정도로 의연하셨다.

암의 마지막 단계는 많이 아프다고 한다. 그런데도 권사님은, "너무 아파요."가 다였다. 돌아가시기 이틀 전에 권사님을 뵈러 갔을 때만 해도 그렇게 갑자기 돌아가시리라고 짐작할 수 없을 정도로 의식이 또렷하셨다. 병문안을 가려는 사람들에게 "바쁜데 오지 마세요. 천국에서 만나요."라고 말씀하시고, 돌아가신 후 본인 장례에 필요한 소소한 일들까지 딸에게 다 부탁하고 돌아가셨다.

권사님은 모든 사람이 두려워하는 죽음과 직면하고도, 천국의 소망과 확신을 가지고 의연하게 죽음을 준비하셨던 참 신앙인이셨다. 요즈음에는 그런 믿음을 가진 사람을 보기 어렵다. 그래서인가? 오늘따라 권사님이 참 많이 보고 싶다.

우리 집 럭키는 치와와 잡종으로 하얀 바탕에 갈색 얼룩무늬가 있는 예쁜 강아지다. 럭키가 우리 집에 오게 된 동기는 좀 특이했다.

거금 수백 불이나 주고 산 비싼 럭키를 장난감처럼 기르던 어느 유학생이 친구에게 강아지를 주고 한국으로 돌아가 버렸다. 그냥 두고 보기는 예쁘지만 강아지 기르기가 어디 생각처럼 쉬운가? 유학생들이 제대로 돌보지 않으니 인형 같던 미모(?)가 점점 변하고 못생겨져서 나중에는 구박 덩어리가 되었다.

럭키가 말을 안 듣는다고 냉장고에 넣어 두지를 않나, 마지막 집에서는 화가 난다고 집어 던지는 바람에 다리까지 부러졌다. 그렇게 이 집 저 집으로 옮겨 다니며 구박을 받던 럭키는 나중에는 그나마 아무도 거들떠보지 않아서 오갈 데가 없어졌다.

어느 날이었다. 동물을 무척이나 사랑하는 우리 딸이 눈물을 글썽이며 물었다.

"너무 불쌍한 강아지가 있는데 혹시 한 마리 더 키우면 안돼요?"

우리 집에는 이미 공주병(?)에 걸린 '샤론'이라는 포메라니안 잡종 강아지가 있었다.

"안 돼! 정신없이 바쁜 우리 생활에 어떻게 강아지를 두 마리나 기르니? 샤론도 너희가 하도 기르고 싶다고 해서 기른 건데….'

처음에는 단호하게 거절했지만 결국 딸의 설득에 꼼짝없이 승낙해 버렸다.

152

우리 집에 온 강아지의 몰골은 처참했다. 다리는 부러진 당시에 응급 처치를 해 주지 않아서 모양 사납게 휘어진 채 절고 있었다. 무엇보다도 사람을 무서워해서 사람만 보면 눈을 내리깐 채 측은할 정도로 부들부들 떨었다.

호주는 사람이 아프면 모든 것이 무료인데, 동물은 의료 보험이 되지 않는다. 동물 병원이 사람이 다니는 병원의 몇 배나 비싸다. 그런데도 딸은 자기 용돈을 톡톡 털어서 동물 병원에 데리고 다녔다. 치료가 끝난 후 웬만큼 제 모습을 찾자 '우리 집에 왔으니 너는 행운'이라며 이름을 '럭키'라고 바꿔 주었다.

어릴 때 구박을 받고 많이 굶어서인지 럭키는 유난히 먹을 것에 대한 욕구와 집착이 강했다. 금방 먹고 배가 빵빵하게 불러도, 누가 뭘 먹으면 또 먹으려고 했다. 매운 김치든, 과일이든, 빵 껍질이든 못 먹는 것이 없었다. 주는 건 뭐든지 다 먹었다.

어느 날 우리 집에서 교인 몇 분과 점심 식사를 하는데, 뜰에서 놀던 럭키가 달려오더니 평소 실력대로 밥 달라고 유리창 문을 긁어 대고 야단이었다. 좀 전에 같이 밥을 먹은 샤론은 잔디밭에 누워서 여유롭게 해바라기를 하는데, 럭키는 애절한(?) 눈빛으로 젖 먹던 힘까지 다 해서 펄쩍펄쩍 뛰며 결사적으로 유리창을 긁고 있었다.

럭키의 식탐은 결핍에서 비롯되었다. 비단 물리적인 학대뿐만이 아니라 정서적인 결핍도 분명 영향을 끼쳤으리라 생각한다. 주인으로부터 충분한 사랑을 받았다면 럭키도 샤론과 같이 여유로운 모습이었으리라.

사람은 영적이다. 정서적인 교감 없이 독불장군으로는 정상적인 삶을 영위하기 어렵다. 특히 우리의 영을 충만케 하시는 하나님과의 교감이 없다면 우리도 럭키와 같이 정서적인 결핍에 허덕일지도 모른다. 럭키의 모습을 보며 이런 생각이 들었다.

'영적인 인간이 하나님을 만나지 못하면 동물처럼 먹을 것만 찾으면서 살겠구나.'

이제는 동물을 보면서도 많은 것을 깨닫고 배운다.

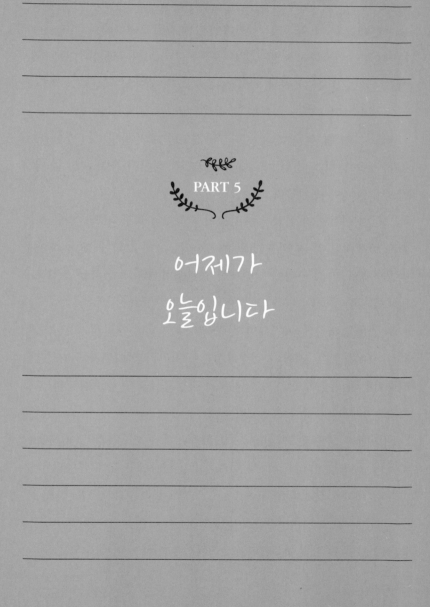

PART 5

어제가

오늘입니다

예전에는 전쟁 직후라 너무 가난해서 중학교에 가지 못하는 아이가 많았다. 초등학교까지는 의무 교육이라서 어찌어찌해서 다녔지만, 먹고 살기도 힘든 시절에 학비를 내야 하는 중학교 공부를 시킨다는 것이 생각처럼 쉽지는 않았던 것 같다.

먹고 살기 힘들다는 것은 한두 끼 정도를 굶거나 맛있는 반찬을 못 먹는 것을 말하는 것이 아니다. 너무 오래 굶어서 퉁퉁 붓고 누렇게 얼굴이 뜬 경우를 말한다.

그나마 아들이면 어떻게 해서든지 중학교나 고등학교 졸업은 시키려고 했겠지만, 딸의 경우는 그것마저 허용되지 않았다. 딸은 제아무리 똑똑해도 가정 사정이 어려우면 일찌감치 중학교 진학을 포기하고 일터를 찾아서 한 입이라도 덜어야 했던 시절이었다.

그것을 안타깝게 여기셨던 친정아버지는 야간 학교인 웨슬리중학원을 시작하셨다. 지금의 검정고시반이라고 하면 이해가 될까? 웨슬리중학원에서 중학교 과정을 배우고 검정고시를 거쳐 중학교와 고등학교를 올라간 학생들도 생겼다.

처음에는 웨슬리중학원을 교회 교육관에서 시작했지만, 학생들이 하나씩 둘씩 늘어나서 장소가 비좁아지자 나중에는 교회 앞마당에 두 칸짜리 교실을 짓게 되었다.

그때는 교인들이 참 헌신적이었던 것 같다. 빠듯한 예산으로 교실을 지어야 하기 때문에 교인이 모두 직접 참여해서 함께 수고를 했다.

당시 중학생이던 나도 학교에서 돌아오면 벽돌을 나르고 잔심부름을 했다.

돈이 없어 중학교를 못 간 학생들이니 수업료가 변변히 있을 리 없었다. 수고하시는 선생님들(주로 교회 청년들)의 식사는 우리 집에서 해결했고, 모든 선생님은 완전 무보수였다. 저녁이면 환하게 불이 켜진 교실에서 한 자라도 더 배우려고 진지하게 공부에 열중하던 학생들의 모습이 아직도 눈에 선하다.

그런 모습을 보고 자라서인지 내 어렸을 때 꿈은 심훈이 쓴 소설 『상록수』의 여주인공 채영신처럼 되는 것이었다. 농촌 계몽을 하며 다른 사람을 돕는 사람이 되고 싶었다. 농촌에 살아 본 경험도 없고 다부진 성격도 아니면서 농촌 계몽을 꿈꾼다는 것이 얼마나 어이가 없는 일인지도 모르던 철없던 어린 시절이었다.

우리가 속초를 떠나 서울로 이사하면서 웨슬리중학원은 사람들의 관심에서 서서히 멀어지다가 결국 문을 닫았다. 그리고 나의 소중하던 어린 시절 추억의 한 부분도 같이 막을 내렸다.

하지만 어려운 학생들을 돌보던 아버지의 모습은 내 마음 한편에 똑똑히 남아 목회를 하면서 긍휼의 마음으로 성도들을 바라볼 수 있도록 하는 계기가 되었다.

　해일(tidal wave)이란 세찬 바람을 동반한 거센 파도로, 도로와 집을 순식간에 부수고 쓸어버리는 무서운 파도다. 내가 어릴 적에 살던 속초에는 해일이 자주 일어났다.

　바다는 평소에는 마음씨 좋은 아저씨 같은 표정을 짓고 있다가도 한번 성을 내면 전혀 다른 얼굴의 폭군으로 변했다. 파도 소리도 '찰싹~ 찰싹~' 하는 부드러운 리듬이 아니라, 천둥 번개같이 '우르릉! 쿠쾅쾅!' 하는 폭발음이 천지를 진동했다.

　우리가 살던 교회는 언덕 위에 있어서 해일의 피해를 직접 겪지 않았다. 하지만 바닷가 근처의 집들은 해일과 함께 어느 날 흔적도 없이 사라졌다. 아스팔트 도로가 뭉텅 떨어져 나가고 길은 푹 파여서 사람이나 차가 지나갈 수도 없었다.

　수돗물과 전기가 끊어진 도시는 밤이면 암흑으로 변했다. 전쟁의 폐허 같은 참담함이 한동안 도시를 감쌌다. 사람들은 파도에 쓸려가 버린 집터를 보며 한숨을 내리 쉬다가 며칠이 지나면 축 처진 어깨로 그 자리를 메우고 다시 집을 세웠다. 그리고 몇 달이 지나면 악몽은 까맣게 잊은 채 언제 그랬냐는 듯이 이전으로 돌아갔다.

　해일 주의보가 내려지면 며칠 동안은 고기잡이 어선들 출항이 금지된다. 당시는 해일 주의보가 들쑥날쑥 잘 맞지 않았다. 해일 주의보가 불발이 되어 별일 없이 그냥 지나간 적도 여러 번 있었다. 그리고 이상하게도 해일이 오기 직전에는 전혀 예상을 할 수 없도록 날씨가 맑았다.

바닷가는 하루 벌어 하루 먹는 곳이다. 고기를 많이 잡으면 상가가 흥청거렸고, 흉어기에는 거리가 쥐 죽은 듯 조용했다. 농부들은 씨를 뿌리고 가꾸어도 어느 정도 시기가 지나야 먹을 것이 생기는 것을 알기 때문에 기다림에 익숙하다. 그러나 어부들은 바다에만 가면 고기가 있다는 것을 알기 때문에 내일에 대한 준비가 소홀한 편이었다.

그날도 해일 주의보가 내려진 지 며칠 째라 모든 어선은 항구에 묶여 있었다. 그때가 마침 아이들이 학교에 공납금(그때는 등록금을 공납금이나 월사금이라고 했다)을 내야 하는 시기였다.

출어가 금지된 잔잔한 바다를 보며 안타까움에 발을 동동 구르던 어부들은 부둣가에 모여 애꿎은 줄담배만 피워 댔다. 동네 사람들은 항구가 가깝고 바다가 잘 내려다보이는 동산 위의 우리 교회 뜰로 모여들었다. 그리고 삼삼오오 모여 앉아 걱정 가득한 표정으로 이야기를 나누고 있었다.

시간이 흐르고 한 나절이 지나도 폭풍의 기미는 보이지 않았다. '일기 예보가 잘못 되었나 보다'는 생각이 들 무렵, 통통배라고 불리던 작은 배 하나가 '통통' 소리를 내며 항구에서 바다를 향해 달려 나왔다. 그 뒤로 통통배 두어 척이 통통 거리며 뒤따라 나왔다.

배들은 항구에서 두어 시간쯤 되는 거리에 멈추어 서서 고기를 잡기 시작했다. 한참을 달린 것 같았는데 통통배들은 여전히 시야에 들어왔다.

조금 시간이 지나자 갑자기 하늘이 흐려지기 시작했다. 빗방울이 한두 방울 후드득 떨어졌다. 해일이 일면 파도가 순식간에 빠른 속도로 움직이기 때문에 걷잡을 수가 없다. 해일에 대해 경험이 많은 바닷가 사람들은 자기도 모르게 일제히 소리를 질렀다.

"위험하다! 어서 돌아와!"

마치 그 소리가 들리기라도 한 듯, 통통배들이 뱃머리를 돌리기 시작했다. 그런데 통통배 한 척만은 여전히 뱃머리를 바다 쪽으로 향하고 있었다.

'빨리 돌아와야 하는데….'

사람들은 모두 자기 일인 양 맘을 졸이며 발을 동동 굴렀다. 시간이 조금 지나자 검은 구름이 수평선 저 멀리서 보였다. 그제야 혼자 남은 통통배가 뱃머리를 돌렸다. 그리고 항구를 향해 전속력으로 달리기 시작했다.

그러나 워낙 속력이 느린 통통배라서, 거의 제자리걸음을 하는 것처럼 보였다. 먼저 출발한 다른 배들은 거의 항구에 도착했다.

그 무렵 파도가 갑자기 더 많이 거세어지기 시작했다.

"빨리! 빨리!"

우리는 파도 속을 달리는 작은 배를 향해 소리를 질렀다. 안타까움에 소리를 내어 엉엉 우는 사람도 있었다. 작은 배는 파도가 칠 때마다 파도 꼭대기까지 올라갔다가 아래로 떨어져서 보이지 않기를 반복하면서 결사적으로 앞을 향해 달렸다. 잠시 후 항구에 들어서기 직전인 통통배가 손에 잡힐 듯 가까이 보였다.

멀지만 뱃머리에 사람이 서 있는 모습이 보였다. 배 뒤편에서 이리저리 왔다 갔다 하며 뭔가를 하느라 애를 쓰는 사람들의 모습도 한눈에 들어왔다. 앞에 선 사람이 마치 손을 흔드는 것처럼 두 손을 높이 들었다. 파도 사이로 배의 모습이 어렴풋이 보였다.

"○○○ 아버지의 배다!"

누군가가 소리를 질렀다. 우리 반 친구의 아버지였다.

"빨리! 빨리!"

"제발!"

사람들은 어쩔 줄 모른 채 소리만 질렀다. 이제 약 10분 정도면 안전한 방파제로 들어설 수 있는데. 예상치 못한 커다란 파도가 갑자기 뒤에서 배를 덮쳤다. 그리고 배는 정말 거짓말같이… 흔적도 없이… 한순간에… 우리의 눈앞에서 사라졌다.

"악!"

사람들이 일제히 비명을 질렀다. 꼭 꿈을 꾸는 것 같았다. 사람의 생(生)과 사(死)가 어떻게 저렇게 한순간에 갈라질 수 있을까? 눈을 꼭 감아도, 뱃전에 서서 손을 흔들던 검정색 어부 복 차림의 남자의 모습이 보였다.

나중에 알고 보니 친구의 아버지는 아이의 공납금을 마련하려고 무리해서 바다로 나갔다고 했다. 배를 돌리기 직전에 고기떼가 몰려왔다. 다른 배들이 위험하다고 그냥 나가자고 하는데도 친구 아버지는 조금만 더 잡고 금방 따라갈 테니 먼저 가라며 말을 듣지 않았다고 했다.

친구는 땅바닥을 구르고 통곡하며 목놓아 '아버지'를 불렀다. 검게 그을린 초췌한 모습의 어부들이 망연자실한 표정으로 바다를 바라보고 있었다.

어릴 적이지만 그 일을 통해 어렴풋이나마 '죽음'이 가족들에게 얼마나 큰일인지 깨달았다. 목회를 하며 성도 혹은 성도의 가정에 돌아가시는 분들을 수없이 목격했다. 삶과 죽음을 주관하시는 하나님의 뜻은 분명히 있지만 사람의 마음으로는 완전하게 이해할 수 없을 때가 많다. 그때마다 하나님은 또 다시 나를 기도의 자리로 데려가신다.

#37   남녀칠세부동석

이전에는 12시가 되면 통행금지 사이렌이 울렸다. 통행금지는 밤 12시부터 새벽 4시까지 사람이나 차가 다니면 안 되는 금지된 시간이었다. 그 시간이면 개미 새끼 한 마리도 보이지 않도록 거리가 텅 비었다. 북한과의 대치 상황이 한참이어서 '내 집에 오신 손님 간첩인가 살펴보자'는 살벌한 표어가 곳곳에 붙어 있던 시절이었다.

전기 상황도 좋지 않았다. 저녁에도 걸핏하면 정전이 됐다. 전기가 나간 칠흑 같은 밤을 밝히는 것은 촛불이나 호롱불이었다. 그도 저도 여의치 않으면 일찍 잠이나 자는 수밖에 없었다. 저녁 예배를 드리는

데 갑자기 불이 나가는 경우도 있었다. 그럴 때면 어른들은 재빨리 호롱불을 켰다.

우리는 그것을 '호야'라고 불렀다. 호야는 석유에 담긴 심지로 불을 붙인 것으로 호야의 불빛만으로는 성경을 제대로 읽기에 어두웠다. 여러 가지로 불편했지만 그때는 으레 그러려니 하고 불편한 것도 몰랐다. 지금 생각하니 호롱불이 그런대로 운치가 있었던 것 같다.

우리가 어릴 적 다니던 교회는 마룻바닥이었다. 방석을 깔고 바닥에 앉아서 예배를 드렸다. 아마도 대부분의 한국 교회가 비슷하게 예배를 드렸을 것이다.

그러다가 내가 중학생이 되던 해에 교회에 의자가 들어왔다. 그것도 지금처럼 신발을 신고 들어가는 것이 아니라, 신발은 신발장에 얌전하게(?) 벗어놓고 마룻바닥에 놓인 의자에 앉아서 예배를 드리는 절충형이었다.

당시는 생활이 어렵던 시절이라 신발 도둑(?)이 참 많았다. 새 신을 샀다고 자랑하고픈 마음에 교회에 신고 온 아이들이 꼭 신발을 잃어버렸다. 이상하게도 교회에 처음 나온 아이거나, 부모님이 교회에 못 다니게 해서 몰래 나온 아이들의 신발이 잘 없어졌다. 주일 학교 선생님들은 신발을 찾아 주느라고 쩔쩔매면서 이리 뛰고 저리 뛰고 진땀을 흘렸다.

조선 시대 초기, 기독교가 들어왔을 당시 강한 유교 윤리로 인해 남녀가 따로 앉아 예배를 드렸다. 남녀를 엄격하게 구분하는 전통을 배려한 것이었으리라.

이 때문에 19세기 초반에 들어선 예배당에는 문이 두 개였다고 한다. 예배를 따로 앉아 드리는 것도 모자라 남녀가 출입문까지도 따로 사용하며 철저히 구분했던 것이다. 그리고 이런 전통이 꽤 오랫동안 남아 있던 듯하다.

내가 중학생이 될 무렵까지 우리 교회는 남자 석과 여자 석이 따로 있었다. 문을 열고 들어서면 왼쪽은 남자 석이고, 오른쪽은 여자 석이었다. 들어가는 문도 남자들은 왼쪽 문으로 들어가고, 여자들은 오른쪽 문으로 들어갔다.

그때까지도 남녀칠세부동석의 풍습이 남아 있었던지, 가족들도 남자 석과 여자 석에 따로따로 얌전히 앉았다. 요즈음 사람들이 들으면 웃기는 이야기지만, 우리는 그런 시대를 살았다. 우리 교회 뿐 아니라 당시의 교회의 모습은 거의 모두 비슷했다.

이제는 돌아가신 시아버님이 계신 데서 어쩌다 이런 이야기를 했더니만, 구십이 넘으신 시아버님께서 한 말씀 하신다.

"예전에는 교회 건물이 기역자로 되어있어서 남녀 간에 서로 보지도 못했어. 설교자만 양쪽을 다 볼 수 있었지."

"오잉? 정말요?"

호랑이 담배 먹던 시절이라더니, 정말 그런 시절도 있었나? 자유롭게 예배드릴 수 있음에 감사하는 오늘이다.

어머니가 하늘나라에 가신지 20년! 시간이 많이 흘렀는데도 아직도 문득문득 어머니 생각이 난다. 어머니와 함께 했던 시간들은 아름다운 추억이 되어 보석처럼 내 가슴 깊이 박혀 있다. 땅에 묻은 어머니의 육신은 벌써 흙이 되었을 텐데, 마음에 묻은 어머니는 아직도 나를 보며 웃고 계신다. 아직도 어머니가 돌아가셨다는 것이 실감나지 않는 걸 보니 어머니는 내 마음속에 그대로 살아 계신가 보다.

"엄마."

언제나 커다란 안식처였던 엄마. 그리운 내 어머니. 요즈음은 곳곳에서 어머니의 모습을 만난다. 날이 갈수록 점점 더 닮아가는 내 목소리에서, 세월의 흔적이 묻어나는 내 얼굴에서….

집단 상담을 통해 많은 사람과 이야기를 나누기 전까지 나는 우리 엄마가 특별하다고 생각하지 않았다. 모든 엄마가 다 우리 엄마처럼 그런 줄 알았다.

상담 학교와 집단 상담을 통해 우리 엄마가 상당히 좋은 엄마였다는 것을 뒤늦게 깨닫고 엄마에게 참 많이 미안했다. 살아계실 때 "엄마는 정말 훌륭한 엄마예요."라고 말씀 드렸으면 무척 좋아하셨을 텐데, 너무 당연하게 엄마의 사랑을 받고만 있었으니….

나는 엄마의 화내는 모습을 기억하지 못한다. 목소리가 좋으셨던 엄마는 항상 노래를 즐겨 부르셨고 늘 웃고 계셨다. 지금 생각하니 엄마는 내 모습 그대로를 인정하고 사랑해 주신, 나의 관계형 홈 (Relational home)이셨던 것 같다. 부족한 자녀들이지만 늘 자랑스러워 하셨고, 변함없이 칭찬을 아끼지 않으셨다. 어쩌면 그 덕분에 내가 주눅 들지 않고 오늘까지 씩씩하게 살고 있는지도 모르겠다.

엄마는 누구에게나 친절하고 눈물도 많고 인정도 많은 사모님이셨지만, 불의와 타협하지 않는 강인함과 담대함도 가지고 있었다.

내가 초등학교 4학년 때 쯤으로 기억된다. 우리 교회는 주변 인가와는 몇 분 떨어진 언덕 위에 교회만 하나 달랑 서 있었다. 인가가 없다 보니 전기 사정이 좋지 않아서 불이 나가면 발끝도 보이지 않았고 사방이 캄캄했다.

어느 날인가, 아버지는 연회 참석차 서울에 가시고, 2년 터울인 우리 사남매와 엄마만 집에 남았다.

"쾅쾅쾅!"

밤이 늦었는데 누군가 화급하게 대문 두드리는 소리가 들렸다. 얼마나 세게 두드렸던지 자고 있던 나와 동생들이 다 깨어 일어났다.

"누구세요?"

주무시던 엄마가 밖으로 나가서 물었다.

"살려 주세요! 살려 주세요!" 하는 여자의 화급한 목소리가 들렸다. 엄마가 문을 열자, 긴 생머리의 여자가 정신없이 집 안으로 뛰어 들어왔다. 와들와들 떠는 여자에게서 술 냄새가 났다.

"저 좀 숨겨 주세요."

여자는 거의 쓰러질 것처럼 보였다. 마루 끝에 서서 놀란 표정으로 바라보고 있는 우리를 향해 엄마가 웃어 보였다.

"괜찮아. 너희는 들어가 있으렴."

엄마가 손짓을 했다.

맏이인 나는 동생들을 방에 들여보내고는 다시 나와서 그냥 엄마 곁에 서 있었다.

"무슨 일이에요?" 엄마가 물었다.

"속아서 술집에 팔려 왔어요. 나중에 다 말씀드릴 테니 일단 저 좀 숨겨 주세요."

여자가 울면서 말했다. 엄마는 여자를 아버지 서재로 안내했다. 그리고 여자에게 문을 꼭 걸어 잠그고 가만히 있으라고 했다. 얼마 되지 않아서 대문을 두드리는 소리가 또 들렸다.

"누구세요?"

"사람 찾으러 왔어요."라는 굵은 남자 목소리가 들렸다. 두런두런 사람 소리도 났다.

엄마가 문을 열었다. 캄캄한 밤에 플래시를 든 남자 둘이 서 있었다. 남자들은 돈 내고 사온 여자가 도망쳤는데 이리 들어오는 걸 봤으니 내놓으라고 거칠게 말했다. 하지만 그들의 위협에도 엄마는 �끄덕도 하지 않았다.

"여기는 교회입니다. 도움을 청하러 온 사람을 무조건 내어 줄 수 없어요. 밤이 늦었습니다. 일단 그만 돌아가세요. 할 이야기가 있으면 날이 밝을 때 하시죠."

엄마가 단호하게 말했다. 그 말이 얼마나 위엄이 있었는지 남자들은 멈칫하고 주저하더니 둘이서 뭔가 의논을 하고는 내일 다시 오겠다며 돌아갔다.

그때만 해도 지금처럼 사회가 살벌하지 않아서 상식이 남아 있었기에 가능한 일이었다. 엄마가 여자를 보호하려고 낯선 남자들과 정면으로 서서 단호하게 말하던 몸짓과 목소리가 아직도 기억에 생생하다.

나중에 그 여자가 목포에서 고등학교를 졸업하고 직장을 구하려다가 속아서 이곳 바닷가 술집으로 팔려 왔다는 것을 알았다. 낮에 차로 S시내로 들어오는데 차창 밖으로 언덕위에 교회가 있는 것을 보고 도망칠 생각을 했다고 했다.

도착한 날부터 술시중을 시키기에 여자는 따라주는 술도 마시고 고분고분 말을 듣는 척했다. 그러다가 화장실에 가겠다고 하고는 도망쳐 나왔다. 여자는 낯선 시내 지리도 모르면서 낮에 본 교회가 있는 방향으로 무조건 뛰었다고 했다.

술집이 있는 중앙 시장에서 우리 교회까지는 쉬지 않고 뛰어도 30분은 넘게 걸린다. 그런데 캄캄한 밤에 고불고불한 초행길을 어떻게 찾아 왔는지 정말 불가사의한 일이었다.

그 다음 날 아버지가 돌아오셨고 경찰의 도움으로 문제는 잘 해결되었다. 내 기억으로 여자는 술집 주인과의 문제가 해결될 때까지 오륙일을 우리 집에 있었던 것 같다. 아버지는 차표를 사서 여자를 집으로 돌려보냈다. 나중에 고맙다는 편지와 여자가 조카와 찍었던 사진이 왔던 기억이 난다.

그때 내가 열한 살쯤이었으니 엄마는 서른여덟쯤 되셨을 때였다. 지금 생각하면 참 어린 나이였는데 어찌 그리 담대하셨는지. 어린 사 남매만 조롱조롱 있었는데 해코지 당하면 어쩌려고 그렇게 하셨을까? 하기는 흉가에서 밤을 새며 기도하시던 외할머니의 딸이셨으니 어련 하셨을까마는!

#39 사랑의 은사

목회 초기 때의 일이다. 목사 안수를 받으려면 개척 교회를 해야 하던 시절이었다. 우리는 아는 목사님의 소개로 연고도 없는 포항의 개척 교회로 내려갔다. 그리고 이삼 개월이 지나자 2층 전세 교회를 내 주어야 하는 상황이 되었다. 갑자기 교회를 구할 수도 없고 비용도 부족하고 급한 김에 전세금으로 큼직한 가정집을 하나 얻고 이사를 했다.

둘째를 임신 중이던 터라 우리가 방을 하나 쓰고, 하나는 서재 겸 집무실로 사용하고 다른 방들은 교육관이 되었다. 제법 넓은 마루 한 쪽 면에 자주색 비로드 천을 치고 가운데 십자가를 걸었다. 십자가 앞에 강대상을 놓고 한쪽에는 이전 교회에서 사용하던 피아노를 옮겨 놓으니 그런대로 교회의 모양이 갖추어졌다. 그렇게 가정집에서 예배를 시작했다.

대문은 항상 활짝 열려 있었고, 새벽 기도부터 수요 기도회, 주일 예배, 금요 철야까지 수시로 예고도 없이 교인들이 드나들었다. 토요일에는 학생부도 모이고 찬양 연습도 했다. 사생활이라는 말 자체가 사치스럽던 생활이었다. 그래도 힘든 줄 모르고 참 열심히 일을 했다.

얼마간 시간이 지나자 교인들이 늘기 시작했다. 나중에는 아무리 좁혀 앉고 방 마다 문을 열어 놓아도 50-60명 이상은 수용할 수 없게 되었다. 모아 둔 건축 헌금도 없고 아무 대책도 없는데 교회가 좁아서 불편하다면서 '교회를 지어 나가야 하지 않느냐?'는 말이 교인들 사이에서 새어나왔다.

하루 끼니 걱정을 해야 할 정도로 대책도 없는 교인들이 대부분인데, 막 제대하고 군기가 잔뜩 들어있던 신참 전도사는 어느 날 임원회에서 교회 건축을, 그것도 평수까지 50평을 정해서 결정해 버렸다.

참 무모한 일이었다. 아무것도 없는 상황에서 우리는 일단 교회로 사용하던 집을 비우고 전세금을 뺐다. 그리고 유일하게 자기 집을 가지고 있던 집사님 댁의 방을 한 칸 빌려 이사를 했다.

당시에는 차 있는 교인이 하나도 없었지만(오토바이나 자전거가 주 교통수단이었다) 미래를 바라보고 주차장과 앞으로 교회를 넓힐 것까지 염두에 두고 외지의 아주 싼 땅을 300평 정도 샀다. 그러고 나니 기본적인 뼈대를 세울 정도의 금액밖에 남아 있지 않았다.

그런데 참 이상한 일이었다. 아무것도 없는 개척 교회인데도 교회를 짓는다고 하니 뭔가를 얻으려는 듯, 몇 명 안 되는 교인들 중에서 너도나도 건축에 일가견이 있다면서 자기에게 맡기라고 했다. 어떤 교인은 하루 종일 나와서 허드렛일을 하고는 일당을 달라고 했다. 그리고 자기 말을 듣지 않으면 교회에 나오지 않았다.

하나님의 기적 같은 은혜로 후원금이 조금씩 채워져 간신히 교회의 모습이 갖추어지기 시작했다. 결국 사택과 교육관을 포함한 총 50평의 교회를 건축하고, 문도 달지 않고 전기도 들어오지 않는 한 여름에 무턱대고 또 이사를 했다. 1년에 세 번 이사를 한 셈이다.

예나 지금이나 교회 건축은 담임자의 피를 말리는 작업이다. 철야에 금식에 저녁 내내 기도를 해야 하는 상황이 주어졌다. 지금은 어떻게 그렇게 기도를 했나 싶은데, 그때는 다급했다. 그리고 젊었다.

하나님께서 우리가 기도한 만큼의 금액을 채우시는 것을 보며 그 정확함에 놀란 적도 있었다. 교회 골격은 세워졌지만 내부 장식이랑 소소하게 들어가야 할 비용이 만만치 않았다. 여기서 다 언급할 수는 없지만, 그 모든 것이 정말 '무'에서 '유'를 창조하신 하나님의 말씀대로 기적처럼 이루어졌다.

그렇게 눈만 뜨면 말씀을 읽고 기도의 단을 많이 쌓다 보니 영적으로 깊은 자리에 들어가게 되었다. 나는 기도할 때마다 은사를 달라고 기도했다.

어느 날 기도하는데 하나님께서 구하는 은사는 무엇이든지 주실 것이라는 100% 확신을 주셨다. 그런데 딱 한 가지만 구하라고 하셨다.

"한 가지만 구하라고?"

순간 나는 멈칫했다.

친정어머니의 사랑을 보고 자란 나는 '교인들을 저렇게 사랑해야 하는 구나!' 하는 것을 몸으로 보고 배웠다. 하지만 타고난 기질이 온유하거나 사랑이 풍성하지 못하고 개성이 강한 나는 교인들을 품어 안거나 포용하는 힘이 많이 부족했다.

내 결점을 잘 아는 나는 사모가 되면서 '사랑의 은사'를 달라고 기도를 계속했었다. 그렇게 오랫동안 사랑의 은사를 구해왔는데 그날 선택의 순간에 나는 사랑의 은사를 구할 수가 없었다. 그 순간 내 머리를 스친 것은 의외로 '신유의 은사'였고, '예언의 은사'였다.

일반적으로 바닷가는 무속이 심하고 영적으로 매우 거칠다. 그중에서도 포항은 조금 더 거친 편이었다. 영적으로도 무속 신앙이 많았다. 예언하거나 신유의 은사를 받은 권사님들이 가정 제단을 쌓는 곳도 꽤 있었다. 교회에서 예배는 드렸지만 답답한 일이 생기면 예언하는 권사님이나 신유의 은사를 받은 권사님을 찾아가 기도를 받았다.

온실 속의 화초처럼 세상 물정을 모르던 나는 교회 안에서 교인들이 얼마나 이중적일 수 있는가를 처음으로 알았다. 앞에서는 미소를 지으며 친절하게 대하던 교인들이 돌아서면 온갖 흉을 본다는 것도 그때 알았다.

나도 내가 철없는 사모라는 건 잘 알고 있었다. 하지만 나이 많은 교인들이 대놓고 "사모님은 어려서 몰라요." 하며 어린 나이에 처음

내 결점을 잘 아는 나는 사모가 되면서 '사랑의
은사'를 달라고 기도를 계속했었다. 그렇게 오랫동안
사랑의 은사를 구해왔는데 그날 선택의 순간에
나는 사랑의 은사를 구할 수가 없었다.

목회를 시작한 나를 애기 취급할 때는 속이 많이 상했다.

그러다 보니 영적으로 어린애 같은 나를 감추고, 보암직한 은사를 받아서 나를 드러내 보이고 싶은 유혹을 느끼지 않았을까? 신유의 은사나 예언의 은사에 끌렸던 것은 하나님을 위해서가 아니라 전적으로 내 자신을 드러내기 위한 것이었다.

나는 사랑의 은사를 구하지 못했다. 아니, 아무 은사도 구하지 못했다. 내 안에 나를 드러내려는 교만이 있다는 것을 느낀 순간 너무 부끄러워서 고개조차 들 수가 없었다.

하나님 앞에 기도하던 것과 내 안에 있는 야망은 정반대로 움직이고 있었다. 하나님은 내가 왜 은사를 받지 말아야 하는가를 너무 적나라하게 깨닫게 하셨다.

그날 이후 나는 다시는 은사를 구하지 않았다. 이제 그때처럼 하나님께서 단 한 가지 은사를 주시겠다고 하시면 망설이지 않고 사랑의 은사를 선택할 것 같은데. 글쎄⋯요?

#40   아브라함의 시험

성경에는 여러 사건이 나온다. 그중에서도 창세기의 아브라함은 100세나 되어 얻은 아들인 이삭을 바치는 사건을 통해 '믿음의 조상'이 되었다. 세상에서 가장 큰 아픔은 자식을 잃는 것이다. 그것보다 더 비통한 일은 없다. 하나님이 외아들을 세상에 보내시고 죽게 하신 것 자체가 우리를 향하신 하나님의 최고의 사랑의 표현이라고 하는 이유도 거기에 있다. 결론적으로 말하면, 나는 아브라함의 시험에서 탈락한 사람이다. 입이 열 개라도 하나님께 드릴 말씀이 없다.

딸아이가 결혼한 지 3개월쯤 되었을 때였다. 늦은 밤에 딸에게서 전화가 왔다. 배가 아파서 병원에 입원했는데 의사가 조직 검사를 받아 보라고 한단다.

마르긴 했지만 건강해서 아픈 적도 거의 없었다. 약을 잘 먹지 않았기 때문에 익숙치 않아서 감기약이라도 한번 먹으려면 약을 잘게 부숴서 먹어야 했다. 그런데 조직 검사라니.

조직 검사라는 말에 너무 놀라서 가슴이 벌렁거렸다. 한걸음에 달려가 보니 딸과 사위는 별로 걱정도 하지 않고 태평한 모습이었다.

검사 결과가 나왔다. 대장암 3기라고 했다. 하루라도 빨리 수술을 하지 않으면 안 된다고 했다. 설상가상으로 때마침, 종합 병원마다 예약이 꽉 차서 자리가 나지 않았다. 몇 개월 후에야 자리가 생긴다고 했다.

급한 마음에 담당자들을 붙잡고 애원을 했지만, 돌아온 대답은 "여기는 모두 수술 안 하면 죽는 급한 환자 분들 뿐이에요. 모두들 몇 달 전부터 수술을 기다리고 있으니 어쩔 수 없어요."라는 쌀쌀한 대답뿐이었다.

마음이 조급해서 대장암 수술만 전문으로 하는 병원에서 수술을 받으려고도 했다. 그러나 주위에서 일단 큰 병원에서 정밀 검사를 다시 받아 보는 것이 좋다고 해서 종합 병원을 다시 알아보았다. 그때 수술을 하지 않은 것이 천만 다행인 것은 나중에 알게 되었다. 그러는 와중에 정신이 멍하고 아무 생각도 들지 않았다.

오랜 해외 생활을 했고 주위에 암 환자가 없어서 모든 것이 처음 겪는 일이었다. 암에 대한 아무 경험이 없으니 어떻게 해야 할지 제대로 된 판단을 할 수 없었다.

그 와중에, 한국에 돌아와서 부임한지 얼마 안 된 교회에서는 신임 목사 군기 잡기가 한창이었다. "여기서는 숨 쉬는 것도 허락을 받아야 하나보다."라는 탄식이 저절로 나왔다.

명문대 출신들로 똘똘 뭉쳐진 교회는, 하나님에 대해서는 별로 관심이 없는 거대한 친교 집단처럼 보였다. 평소에는 점잖아 보이던 사람들이 이성을 잃고 시정잡배처럼 행동하는 것을 보니 배움이란 도대체 무엇인가 하는 회의마저 들었다.

막상 내 자식이 아프니까 교회 일은 눈에 하나도 안 들어왔다. 교회 문제는 내게 아무것도 아니었다. 사람의 생명이 오가는 지금 그까짓 일처럼 보였고, 헛웃음이 나왔다.

이제껏 해외에서 수많은 일을 겪었고, 나름대로는 산전수전 공중전까지 겪었노라고 우스갯소리를 했었다. 그런데 자식을 잃을 수도 있는 상황 앞에 서니 완전히 속수무책이었다. 내가 할 수 있는 것은 아무것도 없었다. 나는 무릎을 꿇고 고개를 땅바닥에 대고 그저 울기만 했다.

다행히 정말 기적적으로 서울대병원에 자리가 났다. 그리고 정밀 검사를 했다. 대장이 거의 막힐 정도로 암 덩어리가 컸다. 조금만 옆으로 갔으면 직장에 닿아서 수술 자체가 불가능했는데, 다행히 주변에 암이 퍼지지 않고 한 곳에 모여 있어서 수술이 가능했다. 세계적인 대장암 권위자인 박 교수님이 집도의였다.

암 환자들만 있는 병동에 입원을 했다(당시는 암 병동이 없었다). 6인실은 자리가 없고 2인실만 남아 있어서 비용이 부담되었지만 급한 대로 입원을 하고 검사 결과를 기다리게 되었다.

며칠이 지나자 옆 침대에 있던 70대 후반으로 보이는 할머니 환자의 차례가 되어 수술을 하러 들어갔다. 수술하러 들어간 지 시간이 얼마 지나지 않았는데 방송으로 보호자를 찾는 소리가 들렸다. 수술을 하려고 열어 보니 이미 손을 쓸 수가 없어서 그냥 닫았다고 했다.

병실로 돌아 온 할머니는 그것도 모른 채 수술이 잘 끝났다고 생각하고, 폐활량을 넓히기 위해 작은 공을 부는 운동을 열심히 하고 있었다. 가족들은 아무도 할머니에게 수술의 결과를 말하지 못하고 전전긍긍하고 있었다. 어차피 연세가 있으니 그냥 모른 채 남은 여생을 보내시게 하려는 것도 같았다.

호주는 웬만하면 병원에 가지 않고 자연히 낫도록 놔두는 나라다. 주사는 거의 놓지 않고 약도 잘 주지 않는다. 만일 한국에서 살았다면 여러 가지 정보를 통해서 '암'이라는 병명에 익숙했을지도 모른다. 그러나 그때는 한국에 돌아온 지 2년이 조금 넘은 때라서 암에 대한 정보가 없었다.

난생처음 가족 중에서 암이라는 병명을 듣게 된 나는 둔기로 머리를 두드려 맞은 것 같이 그야말로 초주검이었다. 남편은 오히려 태연했다. 틀림없이 나을 거니까 걱정하지 말라고, 하나님이 치유하실 것이라고 확신했다.

그런데 나는 그런 확신이 없었다. 그동안 목회를 하면서 수많은 불치병 환자를 보았다. 병원에서는 가망이 없다고 했는데 기도하며 기적적으로 나은 성도도 많았다. 그때는 하나님이 반드시 치유하시리라는 확신이 있었다. 그런데 왜 내 자식의 질병 앞에서는 이렇게 속수무책인지 알 수가 없었다.

전혀 예상치 못했던 일이 이렇게 생겼는데, "또 다른 예상 못할 일이 생기지 말라는 법은 없지 않은가?" 하며 나는 두려움에 떨고 또 떨었다. 어쩌면 그동안 수많은 일을 겪었어도 질병이나 죽음은 이제까지 나와는 상관없는 일이었다. 비로소 그것이 현실이 된 앞에서 나는 내 불신앙을 절감하며 엎드릴 수밖에 없었다.

"하나님! 한 목숨이 아니라 두 목숨이에요."

"이 아이 잘못되면 저도 죽어요."

나는 발을 동동 구르며 기도했다. 아니, 기도라기보다 그냥 비명을 질렀다는 표현이 더 맞을 것 같다.

"하나님! 저는 아브라함이 아니에요! 저는 믿음이 없어요! 안 돼요! 싫어요!"

체면이고 뭐고 없었다. 아이를 살릴 수만 있다면 무엇이든 하고 싶었다. 아니, 무엇이든 해야 했다. 병원에서 밤을 지내는데 레지던트가 보호자를 찾았다. 나는 드라마에서나 보던 수술 동의서에 사인을 했다. 암이 이미 간에까지 전이되었고 다른 곳에 전이되었을 가능성도 있다고 했다. 생존율은 10% 미만이라고 했다. 그 말은 90%는 죽는다는 말이었다.

의사가 "환자에게 알려야 하지 않느냐?"고 했다. 딸이 갑자기 충격을 받을까 봐 당분간은 알리지 말아 달라고 했다. 아무것도 모르는 딸에게 차마 암이라고 말을 할 수가 없었다.

이튿날 집에 잠깐 들렀다가 다시 병원에 갔다. 뭐라고 말해 줘야 하나 고민을 했는데, 사위가 딸에게 이미 말했다고 했다. 병명을 듣고도 딸은 담담하고 편안한 모습이었다. 분명히 나을 것이라고 믿고 있었다. 우리는 이사야 43장을 읽고 또 읽었다.

[1]야곱아 너를 창조하신 여호와께서 지금 말씀하시느니라 이스라엘아 너를 지으신 이가 말씀하시느니라 너는 두려워하지 말라 내가 너를 구속하였고 내가 너를 지명하여 불렀나니 너는 내 것이라(사 43:1)

우리를 구원하신 하나님께서 내가 너를 지명하여 불렀다고, 너는 내 것이라고 하신 약속의 말씀을 붙들고 두려움을 극복해야 했다. 그리고 생존율 10% 미만이라는 수치에 신경 쓰지 말고 10%에다 생존율을 보태 수치를 올리자고 말했다.

2008년 3월 5일, 7시간에 걸친 수술을 마쳤다. 가슴 아래부터 배꼽 아래까지 배를 완전히 가른 대수술이었다. 정말 감사하게도 수술은 너무 잘됐다. 하지만 수술 후에도 열두 번의 항암 치료를 계속해야 했다. 백혈구 수치가 제대로 올라가지 않아서 항암 치료를 하러 갔다가 되돌아오는 일도 생겼다.

딸은 정말 의지가 강했다. 먹어야 병을 이길 수 있다니까, 그 맛없는 음식을 약처럼 다 먹었다. 항암 치료를 하면 거의 일주일은 토하고 고개도 들지 못한다. 그런데도 아프다는 소리도 없이 혼자 그 일을 다 겪었다. 수술도, 항암 치료도 울지 않고 잘 견디어 주었다.

어느 날, 욕실에 있던 딸이 비명을 지르는 소리가 들렸다. 깜짝 놀라서 달려가 보니, 머리빗에 머리카락이 새까맣게 빠져 있었다. 머리를 빗을 때마다 머리카락이 한 움큼씩 빠졌다. 흐느껴 우는 딸을 보니 가슴이 찢어지는 것 같았다.

암 진단을 받고도 울지 않던 딸아이의 눈에서 쉴 새 없이 눈물이 흘렀다. 내색을 하면 안 될 것 같아서, "항암 치료하면 원래 다 그렇대, 시간이 지나면 머리카락은 새로 나니까 너무 걱정하지 마."라고 위로했다. 그러면서 나도 같이 울었다.

그 무렵 내가 대상포진에 걸렸다. 겨드랑이 쪽에 땀띠처럼 길게 물집이 돋았다. 온종일 바늘로 콕콕 찌르는 것 같이 아팠지만 수술하고 고생하는 딸을 생각하면 차마 아프다는 말을 할 수가 없었다.

그런데 밤에 자려고 누우면 쿡쿡 찌르는 강도가 너무 심해서 도저히 잠을 잘 수가 없었다. 하루에 한두 시간 정도 자다 깨다 하면서 3-4주 쯤 지났다. 통증이 점점 더 심해지기에, 도저히 못 견디고 병원에 갔다.

의사가 "왜 이제야 왔냐?"며 "어떻게 이때까지 참고 있었냐?"고 했다. 진통제를 좀 처방해 달라고 하니까, 한 알에 만원이라는 약을 7알 처방해 주면서 이 약은 더 이상 처방이 안 된다고 했다. 이 약을 먹고 나으면 다행이고 아니면 평생을 신경통에 시달려야 할지도 모른다고 했다.

다행히 나를 괴롭히던 대상포진은 그렇게 지나갔다. 정신이 육신을 지배한다는 것을 그때 절감했다.

그후 만 12년이 지났다. 그동안 1년에 한 번씩 정기적인 체크를 꾸준히 했다. 재작년에 의사가 말하기를 더 이상 체크를 하지 않아도 되겠다고 했다. 고맙게도 딸은 모든 것을 잘 견디고 완치되었다. 모든 것이 하나님의 은혜다.

나는 그 일이 있은 후 하나님께 할 말이 없는 사람이 되었다. 믿음이 있다고 착각했을 때는 할 말도 많았고, 원망과 불평도 많았지만, 딸아이의 병 앞에서 내 믿음이 밑바닥을 드러낸 후로는 아무런 불평을 할 수 없었다.

나는 아브라함의 시험에서 떨어진 믿음 없는 사모다. 믿음 없는 나를 오늘도 귀한 사역에 사용하여 주시니 그저 감사할 뿐이다.

#41   PK 유감

PK는 Pastor's Kids(목회자 자녀)의 약자다. 사람들은 "PK는 PK (Problem Kids)야."라고 농담을 한다. '목회자의 자녀는 문제아'라는 뜻이다. "눈에 눈이 들어갔어."와 같은 일종의 말장난이다.

목회자 자녀(PK)가 문제아(PK)라는 말은 외국에서 건너온 말이다. 한국과 달리 자유분방한 외국에서도 목회자 자녀들이 받는 스트레스는 상당한 모양이다.

PK는 보통 두 종류로 나뉜다. 하나는 신앙생활을 잘하는 성실한 PK, 하나는 신앙생활을 안 하고 삐딱한 PK다.

철학자 니체는 목사의 아들이었음에도 무신론자가 되어 '신은 죽었다'는 유명한 말을 남겼다. 헤르만 헤세 역시 목사의 아들이었는데 여러 종교를 전전하다가 말년에 쓸쓸하게 생을 마감했다. 아버지가 목사라고 해서 자녀가 꼭 믿음이 있고 하나님을 만나는 것은 아닌 것 같다.

언젠가 일간 신문에 커다랗게 실린 '목사 자녀이기 이전에 하나님 자녀입니다'라는 기사 제목을 보며 PK들이 겪는 갈등과 애로를 새삼 느낄 수 있었다.

어찌 보면 나는 목사 딸이라고 크게 제재를 받거나 불이익을 당하지 않고 자랐으니 대단한 행운이다. 하지만 기사를 보니, 대부분의 PK는 억압과 율법과 비교와 편견 속에서 많은 고통을 겪었다.

10대부터 50대까지의 PK들이 응답한 '한국 교회 목회자 자녀로 살아가기'라는 SNS 설문의 결과를 보니, 어릴수록 PK들의 고충과 고민이 더 큰 것을 알 수 있었다. 똑같이 떠들고 말썽을 부려도 목사의 자녀이기 때문에 "그러면 안 된다."는 편견에 눌리는 PK가 많았다.

행여나 부모의 목회에 지장이 될까 봐 무조건 양보해야 하고, 착해야 하고, 친구들과 싸워서도 안 되고, 목회자 자녀에게 거는 지나치게 높은 기대치 때문에 또래보다 어른스럽게 행동해야 하고, 그러다 보니 매사에 주눅이 들어서 자신감이 부족했다. 이것이 공통적인 증상이었다.

아직 어린 목회자 자녀에게 율법적인 잣대를 들이대는 것은 '독(毒)'이다. 지나친 기대치와 어른 같은 행동을 요구하는 것도 독이다. 친구들과 놀다가 똑같이 잘못을 했는데 '목사의 자녀'라는 이유로 왜 자기만 야단을 맞는지 이해가 안 되는 아이들은 외향적이면 반항을 하고, 내성적이면 자신감을 잃고 주눅이 든다.

때로는 부모에게 혼이 날까 봐 교회 안에서는 모범생같이 보이지만, 교회 밖에서는 거칠게 행동하기도 한다. 그리고 속으로 '어른이 되면 절대로 교회에 나가지 않겠다.'는 결심을 골백번도 더 한다.

그나마 중대형 교회에서 성장하면 교인들의 눈에 잘 띄지 않으니 좀 낫겠다. 나름대로 대접도 받으니 PK의 큰 어려움은 비켜 가는지도 모르겠다. 하지만 어려운 개척 교회라든가, 부모가 불화한다든가, 문제가 많은 교회에서 성장하다 보면 건강한 믿음을 가지기가 참 어렵다. 목사의 자녀로 자라는 것은 참 쉽지만은 않은 일이다.

부모는 사명 때문에 목회를 선택했지만, 자녀들은 자기 스스로 선택한 길이 아니다. 부모에 의해 일방적으로 주어진 환경이다. 부모들은 어려움을 감수할 준비가 되어 있지만 자녀들은 이유도 모르고 그냥 이해가 되지 않는 부당한 대우를 받으며 자란다.

교회뿐 아니라 가정에서도 부모의 관심은 온통 교회와 교인들에게 집중되어서 PK들은 부모로부터 사랑받지 못한다는 소외감마저 느끼고 있었다.

무엇보다도 PK들은 자신들이 잘되어야 한다는 강박관념을 가지고 있었다. 요즈음은 세상적인 가치관이 교회에 그대로 들어와 있다. 그래서 목사의 자녀들은 일류 대학에 가야 하고, 좋은 직장을 얻어야 하고, 결혼도 잘 해야 하고, 이 모든 것이 하나님의 축복과 연관되어 PK들을 피곤하게 한다.

우리 아이들도 표현만 하지 않았을 뿐, 나름대로 이런저런 상처를 많이 받았을 것을 생각하면 정말 미안하고 마음이 아프다. 교회 일에 바쁘다고 이리저리 방치(?)했던 것도 생각할수록 미안할 뿐이다.

PK들은 하루속히 부모의 그늘에서 벗어나고 싶어 했다. 부모가 목회하는 교회가 아닌 다른 교회를 다니고 싶다고 응답한 사람들도 많았다. PK라는 것이 결코 디딤돌이 되지 않고 걸림돌이 된다고 대답하기도 했다.

교회 안에서 벌어지는 온갖 부조리와 불신앙적인 사건(?)을 보면서도 믿음을 잃지 않고 좋으신 하나님을 만난다면 그건 정말 기적 중의 기적이다.

아이러니컬하게도 신학교에는 아버지가 목사면 성골, 장로면 진골, 아무도 없는 평신도는 잡골이라는 자조적인 말이 있다고 한다. 세상에서 말하는 금수저, 은수저가 교회 안에도 존재하는 듯했다.

아버지가 목회자면, 특히 큰 교회 목회자면 그만큼 아들의 목회에 많은 혜택이 주어진다. 평신도나 안 믿는 부모를 가진 신학생들이 PK를 부러워할 듯도 하다.

하지만 슬픈 일은, PK들도 어느 정도 나이를 먹으면 부모 봉양이라는 커다란 현실의 벽이 눈앞을 가로막고 있다는 사실이었다. 중대형 교회를 담임하던 목사님들은 비교적 노후의 여유가 있다. 하지만 대부분의 목사님들은 은퇴를 하면 당장 거처할 곳도 마땅치 않고 생활비에 쪼들린다.

그렇게 많은 규제와 상처를 받으며 사는데도, 나이를 먹으면 대부분의 PK들은, "하나님의 은혜가 너무나 감사하다."고 응답했다. 좋으신 하나님은 목회자 자녀로서 받았던 모든 상처를 덮고도 남을 만큼의 은혜와 축복을 주신 것 같았다.

호주에서 사역한 지 21년이 지나고 한국에 돌아오기로 한 후에 아들과 딸에게 말했다.

"아빠와 엄마는 한국으로 돌아가려고 한다. 너희도 이제 성인이 되었으니 어디든 너희가 있을 곳을 결정해라. 너희가 나가고 싶은 교회에 나가서 마음 편하게 신앙생활을 하려무나."

❀✦❀ ❀✦❀

PK는 목회자 자녀이기 이전에 하나님의

자녀다. 목회자 자녀라는 편견과 굴레를 벗고

하나님의 자녀로서의 축복과 권세를 마음껏

누리며 살자.

그 말을 들은 아이들은 우리와 함께 신앙생활을 하겠다고 했다. 나는 본인들이 자진해서 그렇게 결정해 준 것이 너무 감사해서 눈물이 찔끔 났다.

더 감사한 것은, 사위와 며느리도 함께 같은 교회에서 신앙생활을 하는 것이다. 목사의 사위나 며느리도 PK 못지않게 스트레스를 받는다. 다른 교회에서 신앙생활을 하면 마음이 편하다. 열심히 봉사하면 칭찬도 받는다. 하지만 장인이나 시아버지가 목회하는 교회에서는 아무리 잘 해봐야 칭찬보다는 구설에 오르기가 쉽다. 그런데도 각자가 맡은 부서에서 열심히 신앙생활을 하고 있는 걸 보면 얼마나 감사한지 모르겠다.

딸네 가족(김석진, 임이래, 김하선, 김하민)과, 아들네 가족(임엘리야, 윤다람, 임소은, 임다은)은 내 최고의 보물이다. 그동안 못 했던 말을 이렇게라도 전하고 싶다. 사랑한다. 그리고 정말 고맙다.

PK는 목회자 자녀이기 이전에 하나님의 자녀다. 목회자 자녀라는 편견과 굴레를 벗고 하나님의 자녀로서의 축복과 권세를 마음껏 누리며 살자. 이 땅의 모든 PK들에게 응원을 보낸다. 화이팅!

#42   나환자촌에서

목회 초년 시절에 나환자촌을 방문한 일이 있었다. 네 살쯤 된 큰아이는 잠시 다른 집에 맡겼는데, 젖먹이 아기인 아들아이는 맡길 곳이 없었다. 할 수 없이 포대기에 싸서 업고 나환자 교회를 방문했다.

사람의 선입견이란 참 대단했다. 교회에 들어가는데 벌써 야릇하고 이상한 냄새가 났다(나중에 알고 보니 소독약 냄새라고 했다). 처음에는 나환자들이 앉아서 예배를 드리던 의자 방석에 앉으려니까 조금 꺼림칙한 생각이 들었다.

나환자교회 교우의 사회로 예배가 시작되었다. 순서가 진행되어 어느덧 내가 특송을 할 차례가 가까워졌다. 마침 업고 있던 아기가 잠들었기에 풀어서 살짝 내려놓으려는데, 옆자리에 앉았던 교인이 안아주려고 손을 내밀었다.

만약에 그가 내게 악수를 청했더라면, 별로 내키지는 않아도 사모이기에 손을 내밀었을 것이다. 그런데 부끄러운 이야기지만, 맡길 곳이 없어서 갓난아기를 나환자촌까지 업고 가기는 했지만 나는 내 아기를 나환자 교우에게 맡기고 싶지 않았다.

내 모습에서 무언의 거부를 느꼈는지 그 교인은 얼른 손을 거두었다. 그곳에 나온 교인들은 나병 전염의 위험이 전혀 없는 사람들이다. 그러나 코가 문드러지고 손가락이 휘고 눈썹이 하나도 없어서 외형에서 티가 났다.

특송이 끝나자 사람들은 '아멘'으로 화답했다. 하지만 내 옆의 교인은 별 감정 없는 표정으로 앞만 보고 있었다. 사람들의 거부에 익숙해 있는 사람들이라 내 태도에 특별히 상처를 받은 것 같지는 않았다. 그래도 마음 한구석에 서운한 마음이 들었을 것 같다는 생각이 들었다.

예배 시간 내내 미안한 마음이 들었다. 후회도 하고 회개도 했다.

온갖 험한 데를 다니며 봉사하는데 이골이 나 있던 나도, 내 아이와 연관된 일에는 이토록 맹목적이 되다니.

나환자의 아버지라고 불리는 손양원 목사가 있다. 그는 나환자촌에 제 발로 들어와 헌신적으로 나환자를 섬겼다고 알려져 있다. 전염의 위험성을 충분히 알고 있었을 텐데도 나환자의 상처에 입을 대고 직접 고름을 빨아 낸 이야기는 전해 들으면서도 존경심이 들었다. 응당 목회자라면 그리해야 할진대 나는 그럴 만한 그릇이 못되었나 보다.

게다가 손 목사는 자신의 아들을 해한 사람을 양자 삼은 일로도 회자된다. 자식을 잃은 슬픔을 견디어 내며 사랑을 실천한 손 목사 앞에 고개가 절로 숙여진다.

자신이 죽는 것보다 더한 것이 자식의 죽음이다. 그런데 우리는 자식의 죽음 앞에 의연했던 또 다른 이를 알고 있다. 바로 하나님이시다. 하나님은 우리를 너무나 사랑하셔서 그의 외아들을 희생 제물로 보내셨다. 우리를 살리기 위해 그의 아들을 죽이셨다는 이것보다 더 큰 사랑의 표현이 어디 있을까?

예배가 끝나자 간식으로 삶은 계란이 나왔다. 같이 갔던 사람들 중에는 나환자 교인들이 삶아 온 계란을 먹지 못하는 사람들이 있었다. 나는 아주 맛있게 먹었다. 그리고 돌아오는 길에 일부러 내 옆자리에 앉았던 교인을 찾아가 악수를 청했다. 그리고 "고맙습니다."라고 진심으로 인사를 했다. 문드러진 얼굴 때문에 흉한 표정이 되어 버린 그 사람이 나를 쳐다보며 어린아이처럼 환하게 웃어 주었다.

해마다 둘째 아들 '엘리야'의 생일이 있는 2월이면 생명의 위협에 노출되었던 그때의 기억이 떠오르며 새삼스레 하나님의 은혜를 더욱 깊이 되새기게 된다.

개척 교회를 하지 않으면 목사 안수를 받지 못하던 시절, 연고도 없는 포항에 내려가 개척을 시작했다. 여느 개척 교회들이 그렇듯이 경제적인 어려움이 말도 못했다. 그 시기, 나는 둘째 아들을 임신 중에 있었다. 맏이인 딸을 임신했을 때는 처음이라 매달 병원에 가서 정기 검진을 받았다. 그런데 둘째 때는 달랐다. 경제적인 어려움과 첫째를 낳아 본 경험이 있었기에 병원에 한 번도 가지 않은 채 그렇게 만삭이 되었다.

당시 내게는 두 가지 기도 제목이 있었다. 하나는 첫째를 낳을 때 워낙 난산이었기 때문에 제왕절개를 했으면 하는 것이었고, 하나는 1982년 4월 1일에 전주에서 있을 남편의 목사 안수식에 참석했으면 하는 것이었다.

1년간 개척 교회에서 주는 사례비 20만 원을 봉투도 열어 보지 않은 채 그대로 건축 헌금을 드리던 때였다. 큰 교회에서 개척 교회 후 원금으로 보내 주는 3만원이 생활비의 전부였던 터라 궁핍하기가 이를 데 없었다. 그런 상황에서 100만 원이 넘는 제왕절개라니, 언감생심 꿈도 꿀 수 없는 일이었다.

목사 안수식도 그랬다. 둘째의 예정일이 3월 중순이었기에 사실 두 가지 모두 가능성은 희박한 기도였다. 지금처럼 교통이 좋은 때도 아니고, 자가용이 있는 것도 아니었다. 예정일대로라면 아기 낳은 지 보름도 안 되는 산모가 포항에서 전주까지 버스를 몇 번씩 갈아타고 가야만 하는 사실상 불가능에 가까운 여정이었다. 그런데도 나는 무엇에 이끌리듯 그런 기도를 하고 있었다.

1982년 2월 19일, 새벽 기도회를 마치고 돌아왔는데 갑자기 하혈이 시작됐다. 너무 급해서 옆에 있는 아이 변기를 갖다 댔는데 꽤 많은 양의 피가 나오는가 싶더니 금세 변기의 반이 될 정도로 피가 고였다.

이상하게도 통증은 하나도 없었다. 월경 덕에 한 달에 한 번 출혈을 경험하기 때문이었는지 피에 둔감했다. 게다가 아프지도 않았으니 아무 생각 없이 그냥 누워 있었다. 멈추는가 싶었는데 이내 다시 하혈이 시작됐다. 불현듯 몇 개월 전에 아기를 낳은 집사님에게 전화를 해야겠다는 마음이 들었다.

이른 새벽, 내 전화를 받은 집사님은 깜짝 놀라며 절대로 움직이지 말라고 신신 당부를 했다. 그러고는 택시를 타고 10분도 안 되어 달려왔다. 집사님의 손에는 바로 전날에 남편이 받아 온 월급이 통째로 들려 있었다.

병원에 도착하기도 전에 정신이 가물거렸다. 의사가 와서 뭔가를 물은 것 같고, 대답도 한 것 같은데 아무 생각도 나지 않았다. 나는 그대로 정신을 잃었다.

병원에서는 긴급히 수혈을 하고 바로 수술에 들어갔다. 전치태반이었다. 출혈에 따른 통증은 없지만, 갑자기 대량으로 하혈을 하기 때문에, 순식간에 생명을 잃을 수도 있는 위험한 증상이었다. 아기를 낳기 전에 병원에 단 한 번이라도 갔었더라면 미리 알 수 있었을 텐데, 병원비를 아끼려던 미련함이 화근이었다.

수술이 끝나고 남편이 맨 처음 들은 말은, '아들'이냐 '딸'이냐가 아니라, '산모와 아기가 다 살았다. 무사하다'는 말이었다.

얼떨결에 제왕절개를 할 수밖에 없었지만 병원비가 문제였다. 돈은 한 푼도 없었다. 동행했던 집사님이 일단 자기 돈으로 입원비를 지불했지만 100만 원이 넘는 금액을 부담하게 할 수는 없는 노릇이었다.

다행히 포항 기독교병원에서는 교역자에게 50% 혜택을 주었다. 다음이 문제였다. '이제 어쩌지?'라는 생각을 하고 있던 차에 참으로 신기한 일이 벌어졌다. 엘리야의 까마귀처럼 어디선가 조금씩 돈이 들어오기 시작했다.

가장 기억에 남는 것은 남편이 군종 사병일 때 군인 교회에 나오셨던 법무참모 집사님이 보내주신 도움의 손길이었다. 제대 이후 연락을 드린 적이 없으니 우리가 포항에 있는 것을 아셨을 리가 없었다. 법무참모 집사님은 밑도 끝도 연락처도 없이 '생각이 나서 보낸다'는 짧은 글과 함께 거금을 보내셨다.

어떻게 알고 보내셨는지 아직도 참 궁금하다. 언젠가 뵐 수 있다면 진심을 담아 감사의 마음을 전하고 싶다. 그리고 그 일은 어려움 가운데서도 하나님이 함께 하신다는 확신을 가지게 하는 큰 힘이 되었다.

그렇게 모인 돈으로 병원비를 지불하고, 미역과 얼마간의 고기를 사고 나니 더도덜도 말고 원래 우리의 한 달 생활비인 3만 원이 딱 남았다. 남편과 나는 의논했다.

"어차피 우리도 사랑으로 받은 것인데 이것은 우리가 쓰지 말고 나누는 게 어떨까?"

그러는 중에 갑자기 강원도에서 목회하던 친구 목사님 생각이 났다(당시는 목사 안수를 받으려면 의무적으로 개척이나 단독 목회를 해야 했다). 우리는 뜬금없이 3만 원을 그리로 보냈다. 나중에 알고 보니 친구 딸이 놀다가 팔이 부러져서 병원에 갔는데 치료비 3만 원이 부족했단다. 현금이 귀한 농촌에서 치료비 3만 원! 기가 막힌 하나님의 인도하심이 그곳에서도 펼쳐지고 있었다.

그렇게 첫 번째 기도 제목이 이루어졌고, 예정일 보다 3주 정도 일찍 출산한 덕분에 버스를 몇 번씩 갈아타야 하는 수고로움이 있었지만 남편의 목사 안수식에도 참석할 수 있었다. 하나님은 그동안 기도했던 두 가지 기도 제목을 기가 막히게 이루어 주셨다.

우리는 까마귀를 통해 엘리야에게 먹을 것과 마실 것을 공급하신 하나님의 은혜를 잊지 않기 위해 아들의 이름을 '엘리야'라고 지었다.

#44   안식년을 다녀와서

21년의 해외 사역을 마치고 한국에 돌아온 지 10년, 안식년이라고 하기에는 조금 짧은 3개월의 쉼을 마치고 돌아왔다.

처음에 남편이 안식년을 언급했을 때, 평소 같았다면 "몇 개월씩 어떻게 교회를 비우냐?"며 펄쩍 뛰었을 것이다. 그러나 이번에는 오히려 남편의 안식년 추진을 모른 척 방관하기를 선택했다. 위기감을 느끼면서 절대적으로 쉼이 필요했기 때문이다.

이전에는 엉뚱한 말과 행동으로 사소한 문제를 일으키거나 마음을 상하게 하는 교인들을 볼 때 '분노'에 가까운 감정을 느꼈기에 적극적으로 대응해 풀어내곤 했다. 문제를 해결할 '힘'과 신경 쓰지 않고 쿨하게 넘길 수 있는 '여유'가 있었기에 가능한 일이었다.

그런데 희한하게도 언제부턴가 비슷한 상황에 놓였을 때 분노 대신 '섭섭함'이라는 감정이 내 안에 자리 잡기 시작했다. 아무것도 아닌 일에 감정이 상하고, 그것이 마음에 박혀 섭섭해 하는 내 자신이 도무지 이해가 되지 않았다. 그리고 얼마간 시간이 흐른 후에야 그것이 '노화의 한 현상'임을 깨닫게 되었다. 마음은 철이 없는 채로 하나도 안 늙었는데, 몸과 감정과 생각은 세월을 따라 늙고 있었던 것이다.

섭섭함이란 참 희한하고 묘한 감정이다. '고집'과는 다른 제3의 감정이랄까? 옳고 그름의 문제가 아니라서, 아무리 그게 아니라고 설명을 해도 본인이 받아들이지 않고 섭섭하다고 하면 끝이다.

그동안은 교인들이 섭섭함을 느낄 때 도무지 이해가 되지 않았었는데, 작은 일에도 섭섭함을 느끼는 나 자신을 보며 '이제는 나도 늙었구나. 쉴 때가 되었구나' 하는 생각이 들었다. 그래서 '하나님이 주인이신 하나님의 교회는, 하나님이 책임지시리라'며 용감하게 안식년을 떠났다. 그리고 지난 몇 개월간, 정말 아무 생각 없이 푹 쉬고 돌아왔다.

마치 이런 내 마음을 읽기라도 하듯, 2018년 7월10일 국민일보에는 〈목회자는 탈진 중〉이라는 제목 아래, 몸과 마음이 힘든 나머지 탈진해서 교회를 사임하는 목회자가 늘고 있다는 기사가 실렸다. 부교역자를 여럿 둔 중 대형 교회도 그렇지만, 중·소형 교회의 목회자들 역시 스트레스와 과도한 업무로 지칠 수밖에 없었다.

전문가들은 목회자 탈진의 예방법을 이렇게 제시했다.

1. 일정 기간 목회 사역을 벗어나 쉼의 시간을 가질 것
2. 정기적으로 목회 상담 전문가를 만나서 도움을 받을 것
3. 목회자는 슈퍼맨이 아니라 연약한 인간임을 인식할 것
4. 목회자에게 1년에 최소 4주 이상 안식과 충전의 시간을 줄 것
5. 모든 교인을 기쁘게 해 주려는 좋은 목사 콤플렉스를 버릴 것
6. 권한은 위임하고 책임은 함께 나눌 것

한국인은 거의가 일중독이다. 일을 하지 않으면 불안해서 견디지 못한다. 교회를 비울 여건이 되지 않거나 혹은, 교회를 떠나기가 불안해 죽도록 일만 하다가 정말 죽고 만다.

우리를 사랑하시는 아버지 하나님은 우리가 분에 넘치도록 주님의 일을 감당하다가 과로사(?)하는 것을 원치는 않으실 텐데, 우리는 감당할 힘도 없으면서, 그것이 주님이 원하시는 일이요, 사명자의 길이라고 지레 짐작하고, 몸과 마음과 영혼과 감정을 혹사(?)하면서 죽도록 달려가고 있는 지도 모르겠다.

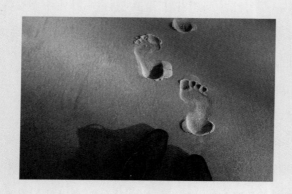

⫸⫸⫸ ⫷⫷⫷

우리의 영성 훈련은 숨이 멎는 순간까지

지속되어야 하는 것이다.

그러니 은퇴는 또다른 시작이었다.

다른 한편으로는 목회자에게 다른 선택의 여지가 없도록 각박하기만 한 한국 목회의 현실이 곧 우리의 현실이니 그저 안타까울 뿐이다.

#45   레임덕

레임덕(lame duck)의 문자적인 해석은 '절름발이 오리'다. 절름발이 오리가 뒤뚱거리며 걷는 것처럼, 대통령이나 지도자가 임기 말에 영향력을 행사하지 못하고 정책에 일관성을 가지지 못하는 데서 이 말이 생겨났다. 권력을 가지고 있으면서도 제대로 사용할 수 없어서 '권력누수현상'이라고도 하고, 임기 말에 주로 발생한다고 해서 '임기말 증후군'이라고도 한다.

교회 안에도 레임덕이 있는 것 같다. 물론 목사가 대통령처럼 막강한 권력을 가진 것은 아니라서 권력누수현상이라고 부르기에 적합하지 않기는 하다. 하지만 비슷한 결을 가지고 있다는 생각은 든다. 목사가 나이가 많아지거나 병이 들어 힘을 잃으면 교인들이 목사의 리더십을 인정하지 않고 잘 따르지 않아 곤란을 겪는 경우가 생긴다.

우리 교회는 오래전에 커다란 분열과 파동을 겪었다. 한번에 교인 몇 백 명이 여러 차례에 걸쳐 나갔다고 하니 그때마다 교회 분위기가 어땠을까 상상이 간다.

2008년, 우리가 부임할 당시 교회에 남아 있던 교인은 70-80명 정도였고, 평균 연령이 65세 이상이었다. 일할 만한 사람들은 다 나가버려 40세 이하 젊은 사람들은 몇 손가락에 꼽을 정도였다. 교회 학교나 청년부, 청장년부는 물론이고 심지어 찬양대까지 제대로 된 것은 아무것도 없었다. 그나마 찬양대는 나이 많은 권사님들이 급히 들어 와 자리를 지키고 있었지만 다른 부서는 완전히 전멸(?)이었다.

성도들은 책임지는 것을 무서워했다. 크고 작은 교회 일을 모두 목사에게 떠맡기고, 혹시나 잘못되었을 경우에 책임을 지지 않으려고 했다. 오랜 분쟁을 겪은 교회이니 이해가 안 되는 것은 아니었다. 하지만 적극적으로 대책도 안 세우면서 일을 할 때마다 '그건 안 된다'고 일단 반대를 하고 나섰다. 나중에라도 '나는 찬성하지 않았다'는 명분을 만들고 모든 책임을 목사에게 떠넘기기 위해서 그런 것은 아니었나 하는 생각까지 들었다.

그런 상황에서도 교인들은 과거의 큰 교회를 꿈꾸며 빨리빨리 교회가 부흥되기를 외쳤지만, 전쟁의 긴 시간만큼, 전쟁 후 폐허가 된 부분들을 복구하는 시간이 필요하다는 것은 놓치고 있었다.

남편과 나는 무너진 교회의 재건을 위해 정말 혼신을 다했다. 거의가 노인들이거나 직장인들이라 일할 사람이 없었고 사람을 부르려니 돈이 없었다. 결국 우리가 직접 페인트를 사 낡은 벽을 칠했다. 해외에서 몸을 아끼지 않고 일하던 것들이 도움이 되는 순간이었다.

시간이 가면서 교회는 조금씩 안정되고 자리가 잡혔다. 하지만 우리가 일을 하는 데는 한계가 있었다. 교회가 너무 낡았고, 전기 배선이며 난방, 누수까지 도무지 손을 댈 수가 없었다.

그러다가 2011년에 나라에서 빌려주는 에너지 절약 기금의 융자를 받아 교회 리모델링을 했다. 교회는 전쟁의 상처를 딛고 말끔하게 정리가 되었다. 분쟁을 여러 차례 겪은 교인들은 여전히 언제 또 '문제가 생겨서 떠나지 않을까?' 하는 듯 반신반의하며 목사가 일하는 것을 구경했다. 처음부터 끝까지 뒤에서 불평불만만 하는 교인들도 있었다.

그 와중에 남편이 2016년, 전립선암에 걸렸다. "이 교회에 와서 암에 안 걸리면 그게 오히려 이상한 거지."라는 말이 절로 나왔다. 전립선암은 다른 암에 비해 순한 암으로 알려져 있다. 그러나 남편의 경우는 이미 전립선 밖으로 암세포가 번져 나가 수술이 불가능했다. 치료의 한 부분으로 방사선 치료가 시작되었는데 후유증이 상당히 심했다. 방사선 치료를 받을 때는 아프지 않았는데 시간이 지나자 무척 고통스러워했다.

목사도 사람인지라, 치료를 받는 동안은 목회에 전적으로 전념하기가 어려웠다. 그런데 이상한 현상이 나타나기 시작했다. 교회가 어려울 때는 책임지지 않으려고 모든 권한을 목사에게 위임하고 미루던 사람들이, 목사가 병에 걸리자 사사건건 제동을 걸고 나선 것이다. 담임목사의 지도력에 흠집이 나기 시작했다. 이것이 레임덕의 한 현상이 아닌가 싶었다.

예배를 경건하게 드리지 않고, 기도도 하지 않으며, 헌금이나 봉사도 하지 않으면서 오직 목사 흠집 내기에 열중하는 교인들을 보니 마음이 씁쓸했다. 본인의 말이 곧 정의라고 생각하는 영적인 교만을 어찌 해야 할지 난감했다. 목사가 늙고 병들면 만만히 보고 따르지 않는다더니 정말 그런 것 같았다. 교회는 사회보다 더 잔인했다.

투병 중 스트레스는 독약과도 같다. 그럼에도 목회 현장에서 사람들을 대면해야 하는 남편은 스트레스를 피할 길이 없었다. 앞장서서 일을 했다거나 사사건건 시비를 걸던 사람들이었다면 차라리 그러려니 넘겼을지도 모른다. 그런데 그렇지 않던 사람들도 선동하는 무리들에 서서히 합류되는 모습을 보였다. 때로는 정의로운 자리에 있는 듯 성토하기까지 했다. 두 얼굴의 믿음 생활이 가능하다는 데 놀랐다.

그들 중에는 이전부터 교회에 문제가 있을 때는 선동하여 시끄럽게 했다가, 문제가 잠잠해지면 아닌 척하고 미소를 짓기를 반복하는 사람도 있었다. 다시 교회에 문제가 있는 것 같으면 나서서 눈꼬리를 치켜 올리며 상습적으로 부정적인 영향을 끼치는 것이다.

나는 속으로 수없이 '교회가 정말 어려웠을 때 당신들은 어디에서 뭘 하고 있었느냐?'고 묻고 싶었지만 아무 말도 하지 않았다. 섭섭한 것은 이루 말할 수 없었지만 교인들과 논쟁하기는 싫었다. 주님을 위해 일한 것이니, 그동안의 수고를 알아달라고 할 수도 없었다. 평생 자식을 위해 헌신하다 병들어 누워있는 아버지를 보고 자식들이 '아버지가 우리한테 해 준 게 뭐냐?'며 대드는 것 같은 형국이었다.

오랫동안 '은혜롭고 명예롭고 행복한 은퇴'를 위해 기도하고 있었는데, 상황은 기도 제목과는 정반대로 움직이고 있었다.

교회에서는 특별 기도에 들어갔다. 사람을 보면 서운하고 마음이 상하는 반면 하나님을 보면 감사하고 기쁨이 넘친다. 나는 하나님만 바라보고 싶었다. 그리고 가능한 대로 성도들을 진심으로 사랑하게 해 달라고 기도했다. 그런데 참 신기하게도 기도 중에 하나님은 복잡하던 마음에 평안을 주셨다. 상황은 달라진 것이 하나도 없는데 하나님이 평안을 주시는 것이 너무 기뻐서 펄쩍 뛸 것 같았다.

덕분에 문제 속에서도 교회와 교인들을 객관적으로 바라볼 수 있는 눈이 생겼다. 어차피 하나님의 일이니 하나님이 하실 것이라는 생각도 들었다. 어떤 문제도 그 결과는 내 몫이 아니라 나의 상황과 상관없이 좋으신 하나님께서 이루어 가시는 과정일 뿐이리라.

#46

왜 그럴까?

40여 년 목회하면서 늘 궁금한 것이 있었다. 왜 사람들은 '장로'가 되면 달라지는 걸까?

장로교회에는 안수집사가 있고, 감리교회에는 남자 권사가 있다. 안수집사는 한 번 선출되면 계속되는 항존직이고, 남자 권사는 매해 임명받는 1년직이다. 두 직분의 공통점은 장로 직전 단계라는 것이다.

일반적으로 겸손하고 훌륭한 장로님이 많이 계시지만, 교회 안에는 그렇지 않은 경우도 종종 보게 된다. 장로를 세울 때 문제가 있는 사람을 세우는 경우는 아마도 없을 것이다. 여러 가지로 볼 때 장로의 직분을 감당할 만하다고 생각되어 장로로 세운다. 문제는, 장로가 되기 전까지는 겸손하고 성실하며 주의 일에 충성하던 사람들이 장로가 되면 달라지는 것이다.

"왜 그럴까?"

감리교회는 장로 3년 차에 안수를 받는다. 그런데 안수 받기 전과 안수 받은 후는 또 달라진다고 한다. 도대체 왜 그럴까?

이런저런 일들을 겪으면서, 나름대로 장로 선출의 기준을 생각하게 되었다. 이건 어디까지나 내 개인적인 견해지만, 신앙은 기본이고, 장로의 자격 중 가장 중요한 것은 화목한 가정인 것 같다. 장로의 아내도 상당히 중요하다. 어쩌면 장로의 아내가 더 중요한지도 모르겠다. 믿음으로 기도하는 아내와 신앙생활을 잘하는 자녀들이 화목한 가정을 이루고 있는 사람이라면 일단은 장로 선출의 예선(?)은 통과할 것 같다.

가정을 믿음으로 화목하고 원만하게 이끌지 못하는 사람이 과연 커다란 공동체의 리더로서 교회를 원만하게 이끌 자격이 있을까? 사람은 누군가에게 그럴 듯하게 보일 수 있다. 하지만 가정에서는 본래의 모습이 그대로 드러난다. 한마디로 가정에서 인정받지 못하는 사람은 장로 자격이 없다.

가정이 화목하지 않은 사람은 자신의 스트레스를 교회 안에서 풀기가 쉽다. 그러면 애꿎은 교회가 고난을 당한다.

모든 교단을 일일이 다 비교할 수 없어서 대표적인 두 교단만 비교해 보았다. 장로교회는 목사도 장로 중의 하나다. 행정을 담당하는 장로, 말씀을 전하는 장로로 구별된다고 한다. 의회 제도이고 목사도 장로 중의 하나이기 때문에 장로가 '당회장'이 되기도 한다. 그래서 '장로교회'다.

장로교회 장로님들은 일반적으로 신앙생활이나 교회 전반에 대한 헌신, 특히 교회 재정에 대한 책임 의식이 크다고 알려져 있다. 교회를 위해 그만큼 책임지고 헌신하니 그만큼 권한이 있다고 해야 하나?

이에 반해 내가 몸담고 있는 감리교회는 담임자 중심이다. 감리교회의 법인 '교리와 장정'에는 장로의 직무 중의 하나가 '담임자를 도와'라고 명시되어 있다. 감리교회는 담임목사를 중심으로 움직여지기 때문에 장로교회에 비하면 교회에 대한 장로님들의 책임의식이 비교적 약하다. 모든 것이 담임목사의 책임 하에 움직여진다.

요즈음은 예전처럼 각 교단의 특색이 잘 나타나지 않고 있다. 찬송과 성경도 통일된 것을 사용하고 예배 의식도 비슷해져서 다른 교단에 가서 예배를 드려도 특별한 용어 외에는 이질감이 거의 느껴지지 않는다. 그래서인지 장로님들도 조금씩 달라지는 것 같다. 장로교회는 감리교회처럼 장로님들의 책임 의식이 조금씩 사라지는 것 같고, 감리교회는 장로교회처럼 장로님들의 권한이 세어지는 것같다. 한마디로 말하면, 헌신은 적게 하고 권한은 많이 가지려는 공통점이 있다고나 할까. 왜 그러는 걸까?

47

처음에는 주님이 나를 부르신 것도 잘 모르고, 내가 먼저 주님의 길을 가기로 결단했다고 생각했다. 그런데 무풍지대 온실과도 같던 친정을 벗어나 목회의 길로 들어선 순간부터 광풍과도 같은 냉혹한 현실 속에 내동댕이쳐졌다. 같은 교회인데도 목회 현장은 내가 늘 살아오던 교회와는 너무나 달랐다.

문제가 생길 때마다 나를 부르신 주님의 뜻을 묻기 보다는 '왜 이렇지? 어떻게 해야 하지? 주님을 위해 내가 무얼 해야 이 상황에서 벗어나지?'라는 질문이 늘 내 안에 있었다. 덕분에 젊어서 힘이 많을 때는 주님이 명령만 하시면 어디든지 언제든지 뛰어나가려는 기세로 살았다. 무슨 일이든 주님이 기뻐하시리라고 생각하면 망설이지 않았다. 주님이 나를 사랑하신다는 확신이 있었고 내가 주님을 사랑하는 것도 사실이었다.

그렇게 주의 일을 하며 전력을 다해 달리다가도 가끔씩 돌부리에 걸려 넘어지기도 했다. 마치 공중에 붕 떴다가 바닥에 내동댕이쳐진 것 같아서 한동안 일어나지 못하는 일들이 반복되었다. 그냥 서 있다가 넘어지는 것 보다, 힘껏 달리다가 넘어지면 그 상처가 더 크다.

"저는 정말 주님을 위해 충성하고 있는데 왜 이런 걸림돌이 생기는 건가요?"

그런데 신기하게도 다쳐서 넘어져 있는 내게 하나님은 오히려 더 많은 기적과 체험을 주셨다. 넘어진 채로 목을 쭉 빼고 주님만 바라보았다. 하나님과의 일대일 만남은 뭐라고 설명할 수 없을 만큼 행복하고 평안한 시간이었다. 그렇게 그분은 내가 살아야 할 목적과 충분한 이유가 되어 주셨다.

그러던 어느 날, 내 안에 에너지가 하나도 없다는 생각이 들었다. 그냥 서 있는 척하는 것이지, 살짝 건드리기만 해도 맥없이 쓰러질 것 같았다. 흔히 말하는 '탈진'이었다. 모래성을 쌓는 기분이었고 밑 빠진 항아리에 물을 길어 붓는 콩쥐의 의미 없는 몸짓 같았다. 남편은 병들어 아프고, 교인들은 분열되어 흩어지고 있었다. 아무리 생각해도 나는 고통의 의미를 찾을 수 없었다.

그렇게 주저앉아 있는데 주님은 오히려 힘을 빼라고 하셨다. 힘들고 지친 나를 몰라주시는 주님이 야속해서 눈물이 저절로 나왔다.

"주님! 제가 얼마나 힘이 없는가는 주님이 더 잘 아시잖아요."

힘을 빼고 엉거주춤하게 주저앉은 채로 속절없이 시간이 흘렀다. 처음에는 '그래도 언젠가 뭔가를 하시겠지' 하는 소망과 기대감이 있었다. 그러나 주저앉아 있는 시간이 의외로 길어지자 불편한 기다림에 익숙해졌다.

그리고 익숙함이 자포자기가 되면서 그게 뭔지는 모르지만 하나님이 뭔가를 하실 거라는 소망마저 서서히 사라져 갔다. 주님과의 뜨거웠던 만남마저 희미한 추억처럼 되어버렸다. 그러면서 '나는 정말 하나님이 원하시는 자리에 서 있는 걸까?' 묻고 또 물었다.

기대감이 있을 때는 소망이 있었다. 그러나 기대감이 깨지자 가장 먼저 남편이 미워졌다. 그동안의 시간들이 아깝고 억울했다. 하나님이 더 이상 쓰지 않으실 것 같다는 절망감마저 들었다. 이렇게 사명을 끝내려고 그렇게 고된 훈련을 하신 건지 이해할 수 없었다.

마음은 아스팔트처럼 굳어졌다. 말씀을 읽어도 감동이 없고 말씀을 들어도 깨달음이 없었다. 언젠가 경험했던 속에서부터 솟아오르는 샘솟는 기쁨을 상실해 버렸다.

답답한 마음을 안고 소울 프렌드 상담실에서 주최한 영성세미나에 참석했다. 다행히 새로운 깨달음이 있었다. 내가 풀지 못했던 여러 가지 일들에 대한 답을 얻었다. 그러면서 한편으로는 의아한 마음이 들어 영성지도자에게 물었다.

"왜 이제야 이런 깨달음을 주셨을까요?"

"은퇴 후에 영성이 더 깊어질 수도 있습니다."

영성지도자의 말에 정신이 번쩍 들었다. 은퇴가 멀지 않았으니 이제와서 깨달음이나 영성이 무슨 소용이 있냐는 어리석은 질문에 대한 지혜로운 답이었다.

우리의 영성은 숨이 멎는 순간까지 지속되어야 하는 것인데 어쩌면 나는 영성조차도 목회를 위해 이용하려고 했었는지도 모른다. 은퇴는 사명의 마지막이 아니라 또 다른 새로운 시작임을 새롭게 깨닫는 시간이었다.

PART 6

그렇게
기도했습니다

몇 년 전부터 '목회란 무엇인가?'에 대한 끝없는 질문이 머릿속을 떠나지 않았다. 힘든 선교지에서는 목회가 무엇인가에 대한 질문이 없었다. 사람을 기댈 수 없고 전적으로 하나님만 바라보지 않으면 안 되는 곳이 선교지다.

내 힘으로는 도저히 할 수 없는 것이 목회였고, 매 순간 그것을 확신하며 살았다. 사람을 바라보지 않고 사람의 비위를 맞추지 않아도 우리를 완벽하게 끌고 가신 그분에 대한 신뢰는 거의 절대적이었다. 하나님과의 친밀함은 언제나 내 안에 있었고 눈을 들면 그분은 언제나 곁에 계셨다. 하나님께 시선을 맞추고 그분의 말씀에 귀 기울이는 일이 일상의 삶이었다.

그런데 목회에 대한 갈등이 끊어지지 않았다. 처음 몇 년은 참 좋았다. 고생하던 이민 목회와 달리 '이렇게 대접받아도 되나?' 하는 생각이 들 정도로 별천지 같았다. 교인들로부터 식사 대접을 받는 것도 그랬다. 늘 섬기는 목회에 익숙해 있던 나는 모든 것이 어색하고 서툴렀다.

20년이 넘게 해외에 살았지만, 해외여행을 다녀 본 기억은 거의 없었다. 일 때문에 한국을 두어 차례 방문한 것과, 부모님을 뵙기 위해 미국을 두어 번 방문한 것이 해외여행의 전부였다. 한국에 오니 지방회에서 2년에 한 번씩 선교 목적으로 해외여행을 보내 주어 관광을 겸한 해외여행을 여러 차례 할 수 있었다. 성지순례도 한국에 와서 50대 중반에 처음으로 갔다. 한국은 모든 것이 풍부했고 해외여행이 너무 쉬웠다.

한국에 돌아와 목회를 하며 느꼈던 또 하나는, 목회에도 빈부격차가 있다는 것이었다. 이민 목회는 대부분 비슷한 어려움을 겪기 때문에 교회 사이즈를 가지고 목에 힘을 주는 경우는 드물다. 언제 파도가 칠지 모르고, 언제 무너질지 모르는 모래성과 같은 것이 이민 목회인지라 겸손하게 조심조심 걸을 수밖에 없다. 그런데 한국은 큰 교회와 작은 교회의 경계가 분명했다.

'익숙해진다'는 것은 무서운 일이다. 처음에는 어색하고 불편했던 일들이 시간이 지나자 익숙해지기 시작했다. 여행을 다니는 일이나 식사 대접을 받는 일에 점차 익숙해져 갔다.

그런데 행복하지 않았다. 몸은 많이 편해졌는데 마음은 어딘가 구멍이 뚫린 듯 허전했다. 한국에서는 여기저기 회의도 많았고 참석해야 하는 모임도 많았다. 얼핏 보면 주님을 위해서 하는 일 같은데, 자세히 보면 주님과는 상관없는 일들에 밀리고 만 나머지 나는 '사모'라는 기능을 수행하는 기능자가 되어 있었다.

바쁘다 보니, 정해진 기도 시간 외에 주님의 친밀하신 임재를 느끼기가 어려웠다. 교회 구석구석 교인들의 손이 가지 않는 곳에는 해야 할 일도 많았다. 나는 끝없이 일을 했다. 주일에만 교회에 와 예배만 드리고 가는 교인이 대부분이다 보니 어쩔 수 없었다.

일은 별로 힘들지 않았으나 변화되지 않는 교인들이 있었다. 겉으로 보기에 그들은 분명히 교인의 모습을 하고 있었는데 그렇지 않았다. 참 이상한 일이었다. 기도는 하는데 기도와는 전혀 다른 행동을 하고, 믿음이 있는 것 같은데 믿음 없는 결정을 하고, 예배는 대강 드리고, 수다를 떨거나 다른 일을 하느라 모두 바빴다. 그 모습을 보노라면 '도대체 교회가 뭘까? 목회는 또 뭘까?' 하는 갈등이 떠나지 않았다.

교회 분쟁과 분열의 경험이 있는 교인들은 나름대로 트라우마가 있어서 하나님을 신뢰하지 않는다. 홍수를 겪었던 백성들이 바벨탑을 쌓았던 것처럼, 입으로 기도는 해도 실제로 하나님이 역사하시리라는 것에 대한 기대는 크지 않다.

눈에 보이지 않는 하나님보다 눈에 보이는 사람들의 힘이 더 크다는 것을 뼈저리게 경험한 사람들이기에 다시는 홍수 피해를 겪지 않기 위해 바벨탑을 쌓는 일에 익숙하다. 더 무서운 그들에게 '교회가 교회되게'라든지 '예배가 예배되게'라는 말은 그야말로 웃기는 말이었다.

정신없이 바쁘게 돌아가는 한국 사회에서 나는 '목회란 무엇인가?'라는 끝없는 질문을 던졌다. 교회 하나 키우기 위해 평생을 소진하다가, 그렇게 키운 교회 안에서 안정된 노후를 꿈꾸는 것이 최고의 목표일까? 내가 지금 하고 있는 이 일은 누구를 위한 충성인가? 이것은 정말 하나님을 위한 것일까?

선교지보다 물질적으로는 모든 것이 풍부했지만 내 영혼은 조금씩 메말라 갔다. 나는 먹고 살기 위해서 목회를 하고 싶지는 않았다. 먹고 살기 위해서라면 차라리 다른 일을 하는 것이 훨씬 나았다.

오늘도 나는 정답 없는 질문을 던진다. 목회란 도대체 무엇일까? 나는 정말 하나님이 원하시는 자리에 서 있는 것일까?

#49 신입사원 뽑기?

원래 정치란 참 좋은 것이다. 사람들을 잘 살게 하기 위해 꼭 필요한 것이니 말이다. 그런데 우리나라는 아직 정치가 성숙하지 못해서인지 정치인들을 보면 한심하다는 생각이 들 때가 많다.

왜 정치를 하는지 그 목적이 분명치 않아서 '그 사람이 그 사람이다, 다 똑같다'는 말이 절로 나온다. 그래서 정치는 별로 좋지 않은 것으로 인식되곤 한다. 누구를 위해서 왜 정치를 하는지에 대한 구별도 되지 않는다.

그러나 이처럼 한심한 사회 정치보다 어쩌면 교회 정치가 더 추하고 더러운지도 모르겠다. 우리 교회의 문제가 새어 나가자 여기저기서 목사들이 관심을 보이기 시작했다. 우리는 험악한 영적 전쟁터에서 하나님이 하실 일을 기대하고 있는데, 그들은 목사 자리에 굶주린 사람들 같았다. 주인 없는 밥그릇으로 보이는 모양이었다.

평소에 정의를 외치던 목사님들도 예외는 아니었다. 그들이 외치던 정의와 행동 사이의 큰 괴리를 보며 마음이 참 쓸쓸했다. 왜 교회에 문제가 생겼는지 어떻게 해야 은혜롭게 해결할 수 있는지는 관심 밖이었다.

'교회가 교회 되게, 예배가 예배되게' 하는 일에는 조금도 관심이 없었다. 곧 비워질 자리에 자기 사람을 앉히려 하거나, 내보내야 할 자기 교회 부목사를 마치 약육강식이 지배하는 동물의 왕국을 보는 것 같았다.

어느 정도 사이즈가 되는 교회의 담임목사가 은퇴를 앞두면 수십명의 지원자가 몰려든다. 예전에는 담임목사가 추천하는 후임자를 은혜롭게(?) 받는 교회가 많았다.

그러나 최근에는 세습 목회와 권력의 이양 문제가 불거지면서 교인들 스스로 인선위원회를 구성해서 신입사원처럼 담임목사를 뽑는 것이 유행처럼 번져가고 있다.

민주적이기는 하나 그렇게 뽑힌 고용인인 담임목사가 소신껏 목회를 할 수 있을까? 자기를 뽑았다고 생각하는 고용주인 교인들을 영적으로 잘 양육할 수 있을까?

'하나님의 종'을 하나님이 보내셨다고 생각하는 것과 자기가 뽑았다고 생각하는 것은 천지 차이다. 하나님의 종이라고 생각하면 혹시 마음에 안 들어도 참고 견디며 영적으로 다듬어지는 과정이 있다. 그러나 신입사원처럼 뽑은 목사는 마음에 안 들면 내보내고 다시 뽑으면 된다. 목사가 넘쳐나고, 조금이라도 좋은 자리라면 들어오려는 목사들이 줄을 서니 말이다.

언제부터 목회자들이 희생과 헌신 대신에, 조금이라도 편하고 인정받는 길을 가는 것이 능력이라고 생각하기 시작했을까?

언제부터 줄을 잘 서고 점프를 하고 사다리를 타면서 조금이라도 조건이 좋은 교회가 나오면 섬기던 교회를 가차 없이 버리고 사역지를 옮기기 시작했을까?

언제부터 젊은 목회자들이 고민을 잃어버리고 편한 길을 선호하게 됐을까? 고민하지 않는 청춘은 병든 청춘인데. 병든 목회자들이 구석구석에서 시름시름 죽어가는데, 왜 신학교는 그리도 많아서 목회자를 끊임없이 대량으로 양산하는 것일까? 왜 자리도 없는데 대책도 없이 신학생을 배출해 서로 경쟁시키고 어린 나이에 준비도 없이 영적인 지도자로서의 역할을 감당하게 하는 것일까?

언제부터 목사가 교인들 앞에서 선보이는 설교를 하고 세상 기준과 꼭 같은 기준으로 평가를 받고 신입사원처럼 뽑히기 시작했을까? 목사의 설교를 듣고 평가하는 그들은 그만큼 영적인 사람들일까?

혹시 신학교를 하나로 통일하면 파벌도 줄고, 목사들이 신입사원처럼 뽑히는 일도 줄지 않을까? 신학교에도 밥그릇이 너무 많이 연결되어 있어서 절대 하나로 줄일 수 없다는 걸 알면서도, 세상 물정 모르는 소리를 하는 걸 보니 나도 참 답답하다.

#50 하나님의 리얼리티

너무나 갑작스럽고 충격적인 일이라 나는 한동안 멍한 상태에서 빠져 나올 수가 없었다. 머릿속은 새하얗게 텅 비어 버렸다. 합리적이고 논리적인 사고란 불가능한 일이었다.

나는 고문을 당한 사람들이 느꼈을 것 같은 두려움을 처음으로 느꼈다. 폭력이 지속되면 아무 생각도 할 수 없고, 공포에서 벗어나려는 본능적인 몸짓만 하게 마련이다. 인간의 존엄성을 인정해야 인간으로서 자존감을 느끼는 것이지, 아예 인간 취급을 하지 않는 고문자들 앞에서 당당하게 맞선다는 것은 거의 불가능한 일이다.

나는 심한 고문에 굴복당한 사람처럼 비굴해져 있었다. 이 상황을 어떻게 해결하고 어떻게 이해해야 할지 앞이 캄캄했다.

기도도 할 수 없었다. 아니, 기도가 나오지 않았다. 그럴 만큼의 에너지가 남아있지 않았다. 나는 눈을 뜨기 직전의 무의식 상태에서부터 잠들 때까지 영성지도자 세미나에서 배운 예수 기도만 계속 되풀이 했다.

"예수 그리스도 하나님의 아들, 이 죄인을 불쌍히 여기소서. 불쌍히 여기소서."

그리고 생각날 때마다 물었다.

"하나님! 왜 이렇게 하셨어요?"

그것은 기도라기보다는 신음에 가까웠다. 무엇보다 하나님이 왜 나를 이런 상태에 넣으셨는지 이해가 되지 않았다. 우리가 옳고 잘나서 시작한 일은 분명히 아니다. 하나님이 교회를 새롭게 하시려는 마음을 말씀과 기도로 너무 강하게 주셔서 순종했다. 더 정확히 말하면 우리가 잘 먹고 잘 살자고 한 일은 분명히 아니다. 자원 은퇴를 결정했는데 교회를 새롭게 한다는 것은 어찌 보면 바보 같은 짓이었다. 10

년이 넘게 목회를 해도 변화되지 않는 교인들이라면 은퇴하려는 목사의 권면을 들을 리가 없을 텐데 왜 그렇게 무모한 짓을 했을까?

40년 목회 가운데 목숨 걸고 하나님께 순종해야 했던 경우가 몇 번 있었다. 모두가 불가능하다고 생각했던 일들이었는데 하나님은 상상도 못할 방법으로 '막판 뒤집기'를 하셨다. 하나님은 사람의 능력을 초월하는 분이셨고, 우리가 생각지도 못하는 방법들을 통해 일을 해결하는 분이셨다. 하나님이 하시면 불가능이 없었다.

나는 그런 확신이 있었다. 그래서 내면으로 영적인 전쟁을 선포하고, 교인들에게는 교회가 싸움터가 되지 않기를 기도해 달라고 했다. 교인들끼리 편을 가르면 싸움이 되고, 싸움이 되면 교인들이 다친다. 그렇게 되는 것이 싫었다.

그동안의 경험을 볼 때 그렇게 결정을 해도 하나님이 이기게 하시리라는 것에 대한 의심이 추호도 없었다. 그런데 하나님은 우리를 바닥 끝까지 끌어내리시고, 40년 목회를 어이없이 끝나게 하셨다.

"왜 그러셨습니까?"

이해되지 않는 하나님의 의도에 대해 묻고 또 물었다. 혼란스러웠다. 옳고 그름의 판단이 중요하지 않았다. 이제껏 전적인 하나님의 은혜로 살았고, 부족한 사역 가운데 수없이 많은 기적을 보여 주셨다. 그런데 이번에는 하나님이 왜 그렇게 하셨을까?

흩으시는 하나님의 마음을 읽어야 했다. 항의하고 싶었고, 저항하고 싶었으나 아무런 행동을 할 수 없었다. 신실한 교인들마저 실족하지 않을까 안타까움이 더 컸다. 하지만 진리가 아닌 저들의 행위가 진리라고 착각하도록 하나님은 왜 그렇게 내버려 두셨을까?

참 이상하게도 분노는 일지 않았다. 그냥 궁금했다. 신앙은 자신을 허물고 하나님 앞에 가는 것이고, 신념은 자신을 허물지 않고 강화하는 것(Ideology)이라는데, 내 신념을 신앙으로 착각한 것은 아니었는지 되돌아보게 되었다.

모든 일의 주권자는 하나님이시다. 그것이 하나님을 향한 믿음이었다면 결과가 어찌 되든 그 일에 쓰임 받은 것으로 만족해야 한다. 모든 사람이 베드로일 수 없다. 베드로는 감옥에서 나왔고 야고보는 죽었지만 그 죽음이 헛되지는 않았다.

어쩌면 내가 경험하고 체험한 하나님이 전부인 것처럼 착각했는지도 모른다. 그동안 하나님이 보여 주신 사랑과 신뢰, 때로는 촌철살인의 유머로 나를 웃게 하셨던 하나님, 그것이 하나님의 전부인 것으로 알고 있었는지도 모른다. 내 생각이나 경험은 얼마나 보잘 것 없고 제한적인가? 내가 이해할 수 없을 만큼 크고 엄위하신 분이기에 '이해하라'고 하지 않으시고 '믿으라'고 하신 분이다.

이해되지 않는 하나님의 뜻을 이해하려고 애쓰지 말고 합력해서 선을 이루시는 하나님의 뜻을 믿어야겠다고 생각했다. 만일 과거로 돌아가서 다시 선택의 기회가 주어진다고 해도 나는 똑같이 하나님의 명령에 순종하는 쪽을 택했을 것이다. '교회가 교회되게, 예배가 예배되게'를 선포했을 것이다. 그 일에 대해서는 일말의 갈등이나 망설임도 없다. 그것이 참 감사하다.

목사를 몰아내는 3단계

좀 살벌한(?) 주제 같지만, 교회마다 빈번하게 일어나는 일이라 살짝 언급해 본다. 혹시 교회에 문제가 있는 목회자가 있다면 '어떤 단계'인지 체크해 보시기를.

교회에 문제가 생기면 교인들이 목사를 몰아내는 몇 가지 단계가 있다. 그 첫 번째는 헌금을 하지 않는 것이다. 자기 혼자만 헌금을 하지 않는 것이 아니라 주변 사람들도 헌금을 하지 못하게 설득한다.

그 일에 호응하는 사람들이 여기저기서 생기기 시작했다면 그들은 이미 의도적으로 헌금을 하지 않아서 교회 재정을 어렵게 만들고 그 모든 책임을 목사에게 묻거나 그 일로 목사를 조정하려는 생각이다.

헌금을 하지 않은 다음 단계는 불평불만과 부정적인 말을 흘리는 것이다. 그런 말들이 사실이라면 회의를 통해 정당하게 밝히면 될 일이다. 하지만 그렇게 하지 않고 10%의 사실에 90%의 MSG를 가미해서 그럴듯한 말들을 뒤에서 슬쩍슬쩍 흘린다.

교회 안에는 생각보다 귀가 얇은 사람이 많다. 사실이 아닌 이야기이지만 과장되고 부풀려진 이야기는 순식간에 사람들의 입을 통해 일파만파로 퍼져 나가게 되어 있다. 원래 사람들은 좋은 말보다는 가십거리가 귀에 솔깃한 습성이 있게 마련이다. 이쯤 되면, 아무리 정확한 증거와 사실로 설득을 해도 먹혀들어가지 않는다. 사람의 귀는 하나님의 말씀에 막히면 사탄의 말을 향해 열리게 되어 있다.

아직 자기 편이 아닌 사람 중에 설득할 사람을 각자 분담해서 정하고 일대일로 만나 온갖 부정적인 말을 흘린다. 그러면서 주중에 모처에서 끼리끼리 모이는 정기적인 모임을 가진다. 예배나 기도회는 참석하지 않아도 정기 모임에는 꼬박꼬박 참석해 눈도장을 찍고 서로의 악한 에너지를 주고받으며 자기들끼리 똘똘 뭉쳐서 동지 의식을 다진다. 요새는 SNS가 있어서 날마다 메시지로 서로를 격려하고 이야기를 주고받으니 잘 모르던 사람도 급속도로 친해질 수밖에.

마지막으로는, 너무 당연한 이야기지만 이쯤 되면 예배도 잘 드리지 않는다. 교인들이 얼마나 줄었는지를 증명해서 목사를 압박해야 하니까, 전도는커녕 다른 사람들이 교회에 나오는 것도 은근히 방해한다. 그 와중에 열심히 봉사하고 헌신하는 눈치 없는(?) 사람들에게 노골적으로 너무 열심히 하지 말라고 협박성 충고(?)를 하기도 한다. 물론 기도는 당연히 하지 않는다. 하는 척할 뿐이다. 어차피 눈에 보이지 않는 하나님은 두렵지 않고 믿지도 않으니 기도할 이유가 없다.

교회에 문제가 생기면 목사는 교인들을 무마하기 위해서 그들의 말을 들어야 한다. 문제는 저들이 요구하는 것의 대부분이 하나님 중심이 아니라는 데 있다. 그것을 수용하는 순간 목사는 교인들이 시키는 대로 하면서 월급을 받는 고용인이 되어 버린다. 그렇다고 영적으로 바로잡자니 믿음이 없는 사람들에게는 말씀 권면도 안 들어간다.

현대 교회는 하나님 중심주의가 아니라 다수결주의다. 사람의 숫자가 곧 정의다. 0은 아무리 많아도 그 앞에 1, 2, 3, 4가 없으면 그냥 0이다. 우리의 삶에 하나님이 계시지 않으면 사람의 수가 아무리 많아도 그냥 0이다.

그저 쭉정이다. 그래도 사람들은 0이 많으면 자기들끼리는 안심이 되는 것 같다. 세속적인 가치관이 교회 안에 들어와 있어서, 영적인 훈계를 싫어하고 귀에 좋은 말 듣기만을 원하는 요즈음 세상에서 잘못된 것을 '바로 잡느냐, 그대로 두느냐' 그것이 문제로다.

#52   불신앙의 쇠기둥

신앙생활을 하면서 참 힘이 들었던 것은, 내가 '죄인'이라는 것을 깨닫는 일이었다. 목사 딸로 자라면서 '착한 아이 콤플렉스'가 있을 정도로, 착해야 한다는 말을 많이 듣고 자란 덕분(?)인지, 다른 사람과 비교해도 별로 나쁜 짓은 하지 않은 것 같았고, 나름대로 바르게 하나님 말씀대로 살려고 무진 애를 쓴 것 같았다.

나보다 나쁜 짓을 많이 하는 사람들은 아무렇지도 않게 잘만 사는데 '내가 뭘 그렇게 잘못했나?' 하는 생각도 했다. 당연히 죄인이라는 말이 이해가 되지 않았다.

기도할 때나 집회 때 회개를 안 한 것은 아니었다. 생각나는 것을 시시콜콜 모두 기억해 내고 회개하면서 눈물을 쏟았다. 그리고 시간이 지나면 또 다시 "저 사람들은 더 나쁜데 왜 나만 힘들게 하나?"며

투덜거렸다.

죽을힘을 다해 충성하고 헌신해도 제자리걸음이었고, 파도치는 바닷가에서 모래성을 쌓는 것 같았다. 야속한 파도가 한번 치고 지나가면 정성 들여 쌓아 놓은 공든 모래성은 속절없이 무너졌다. 이해할 수 없는 상황이 반복되자 억울하다는 마음은 더욱 커졌다.

그날도 여러 가지 잡다한 생각이 꽉 찬 상태로 주일 예배에 참석했다. 당연히 설교는 귀에 들어오지 않았다. 마지막 찬송을 부르며 빨리 예배가 끝나기를 기다리고 있었다. 그 순간, 갑자기 머리가 "쾅!"하고 울릴 정도로 큰 소리가 귓전을 때렸다.

"너, 지금 교만한 자세로 예배드리고 있구나!"

나는 억울했다.

"하나님! 교만이라뇨? 너무 탈진해서 똑바로 서 있을 힘도 없는 것을 다 아시면서…."

내 힘든 상황을 몰라주시는 서운함에 눈물이 핑 돌았다.

"아니야! 너는 지금 굉장히 교만한 자세로 예배드리고 있어."

참 이상한 일이었다. 나는 인정하고 싶지 않았는데, 그 순간 내가 정말 '교만한 자세로 예배를 드리고 있었구나.' 하는 사실이 깨달아졌다. 믿음이 있다고 착각하던 내 안에 박혀있는 것은 '불신앙이라는 견고한 쇠기둥'이었다. 나무라면 깎아내기라도 할 텐데 아름드리 쇠기둥이라니….

불신앙이 가장 큰 죄인데 그것을 죄로 인식하지도 못하고, 율법적인 의를 드러내며 하나님을 원망하던 일이 얼마나 부끄러운지 도무지

세속적인 가치관이 교회 안에 들어와 있어서,
영적인 훈계를 싫어하고 귀에 좋은 말 듣기만을
원하는 요즈음 세상에서 잘못된 것을 '바로 잡느냐,
그대로 두느냐' 그것이 문제로다.

고개를 들 수가 없었다. 예배가 끝나고도 나는 자리에서 일어나지 못하고 장의자 아래 엎드려서 눈물을 펑펑 쏟았다.

내 불신앙은 그분이 죽으셔야 할 만큼 엄청난 것이었다. 나는 죄인 됨을 인식하지도 못하고, 구원하신 은혜에 감사하지도 못하고, 하나님을 위해 손톱만큼 율법적으로 헌신한 것을 내세우며 하나님을 원망하고 불평하는 죄인 중의 죄인이었다.

그날, 예수님은 나를 찾아오셨다. 그리고 나와 인격적으로 만나 주셨다. 그리고 참 신기하게도 구원의 감격을 느낀 그 순간부터 내 안에 있던 원망과 불평은 거짓말처럼 사라졌다. 할렐루야!

#53   목회자는 슈퍼맨이 아니다

'슈퍼맨 콤플렉스'는 남자들이 가진 독특한 심리 상태다. 일상에서 일어나는 크고 작은 일들은 반드시 자신이 해결해야 한다고 생각하는 강박관념이기도 하다.

슈퍼맨의 사전적인 뜻은, '육체적으로나 정신적으로 보통 사람보다 훨씬 큰 능력을 가진 사람'을 말한다. 사람들이 위기에 처해서 쩔쩔매면 어딘가에서 슈퍼맨이 짠 하고 날아와서 어려운 문제를 순식간에 해결한다. 사람들은 그런 슈퍼맨을 향해 열렬한 박수갈채를 보낸다.

어릴 때는 누구든지 한번쯤 슈퍼맨이 되는 상상을 해본다. 하지만 성인이 되어서도 이런 생각을 한다면 그것은 상상이 아니라 망상이다. 그런데 세상에서는 '슈퍼맨 망상 신드롬'이라는 영적인 병이 만연하고 있다. 여기서 말하는 슈퍼맨이란 신의 초능력을 가진 신인(神人), 즉 갓맨(Godman)이다.

한국식 가부장 제도는 남자들을 슈퍼맨 콤플렉스 안으로 밀어 넣었다. 여자들을 과소평가하고 무시하던 사회에서 모든 것은 남자가 해결해야 한다는 독선과 권위주의적인 사고가 슈퍼맨 콤플렉스로 변질되었는지도 모르겠다. 남자라고 모든 것을 다 할 수 있는 것은 아닌데, 남자들은 스스로 슈퍼맨처럼 행동하는 것이 남자답다고 생각했고, 여자들은 자신의 남편을 부추기며 슈퍼맨처럼 추어올리는 것이 좋은 아내라고 생각했다.

이런 의식은 목회 현장에도 고스란히 적용되고 있다. 목회 현장에서 사모들이 빠지기 쉬운 콤플렉스 중의 하나가 슈퍼맨 콤플렉스다. 목사나 사모가 슈퍼맨처럼 모든 것을 할 수 있는 것은 분명히 아니다. 그런데도 모든 것을 할 수 있는 슈퍼맨처럼 되려고 한다.

자신의 능력과 한계를 뛰어 넘는 문제들을 끌어안고 씨름을 하면서, 그렇게 하는 것이 유능한 목회자라고 생각한다. 영적으로 성숙한 교인보다는 목회자를 슈퍼맨처럼 의지하고 전적으로 순종하는 교인들을 더 선호한다.

주님이 맡겨 주신 목회 현장에서 사역에 최선을 다하는 것은 매우 중요한 일이다. 그러나 가끔씩 달려가던 발걸음을 멈추고 서서 '내가 하는 이 일이 누구를 위한 것인가?', '슈퍼맨보다 더 슈퍼맨이신 예수님을 제쳐놓고 내가 슈퍼맨의 자리에 올라가 있는 것은 아닌가?'를 체크해 보면 어떨까?

성도들이 어려움을 당할 때 가장 먼저 생각나는 것이 예수님이 아니고 평소에 의지하던 목사님이나 사모님이라면? 이건 문제가 있다.

슈퍼맨 콤플렉스 외에도 목회자가 주의해야 할 것이 또 있다. 잘 알려진 이야기지만 그것은 돈, 여자, 명예다. 목회자가 무너지는 이면에 이 세 가지 중 하나가 꼭 연류되어 있는 것을 보면 상당히 설득력이 있는 말이다. 어떻게 해야 이런 덫에 걸리지 않을 수 있을까?

우선 목사도 사람이고 남자인 것을 먼저 인정해야 한다. 사람들의 환호와 박수갈채에 익숙해지면 인기병이나 명예욕에 빠질 수가 있다. 나도 모르게 올라 서 있는, 하나님과 사람의 중간쯤 되는 지점에서 얼른 내려서서 내가 서 있는 자리가 올바른 자리인지 체크해야 한다. 무엇보다도 큰 영향력을 끼치며 하나님보다 더 큰 힘을 발휘하는 물질 곧, 맘모니즘(mammonism)의 덫에 걸리지 않도록 주의하고 또 주의해야 한다.

목회를 하다 보면, 상담을 원하는 교인들이 생긴다. 목사가 하나님이라도 되는 것처럼 추종하는 맹목적인 여신도들도 있다. 믿어지지 않겠지만, 교회 안에는 목사를 유혹하려는 여자들도 의외로 많다. 그런 교인들과의 적당한 거리를 유지하지 않으면, 자기도 모르게 그런 달콤한(?) 감정을 즐기는 오류에 빠지게 된다. 자신을 과신하면 안 된다.

목사도 사람인지라 상담 중에 눈물 흘리며 아파하는 연약한 여신도를 보면 마음이 약해질 수밖에 없다. 그러나 아무리 불쌍(?)해도 단둘만의 상담은 절대로 금해야 한다.

여자 성도의 경우는, 반드시 문을 열어놓고 상담을 하고, 가능하면 사모와 동석해야 한다. 만일에 성도가 사모와 같이 상담하는 것을 부담스러워한다면 차라리 전문 상담사를 연결해 주는 것이 좋다.

사모도 마찬가지다. '목사니까 별일 있겠어?' 하고 믿어 버리면 안된다. 물론 부부간에는 신뢰가 바탕이 되어야 한다. 하지만 내 남편도 유혹에 넘어갈 수 있는 '남자'라는 사실을 잊지 말아야 한다. 이 말은, 매 순간 의심하고 따지라는 말이 아니라 그 역시 연약한 인간이라는 것을 인식해야 한다는 뜻이다.

조심스러운 말이지만, 신학을 하고 목사가 됐다고, 마음과 생각, 감정과 정서가 모두 성숙하고 건강한 것은 아니다. 오히려 문제가 많은 사람이 신학을 하고 목회를 할 확률이 높을 수도 있다. 그래서 하나님의 은혜가 더 크게 사모되고 성령의 역사가 더 강하게 느껴지는지도 모른다.

"목사가 어떻게 그럴 수 있어?"라고 하지 말자. 목사도 사람이기 때문에 그럴 수도 있다. 그래도 된다는 말이 아니라, 인간이기 때문에 그럴 수도 있다는 말이다. 예수님까지도 시험했던 사탄에게 당신은 먹기 쉬운 '식은 밥'이다.

돈이나 명예는 여자 문제만큼 사모에게 치명타가 되지 않는다. 돈 문제라면 사모도 같이 누리고 편하게 살았을 것이고, 명예라면 남편의 명예 때문에 그동안 대접도 잘 받았을 것이다. 그러나 여자 문제는 사모에게 죽을 만큼의 상처가 된다. 손톱만한 믿음 때문에, 하나님의 영광을 가릴까 봐 이혼도 못하고 평생 고통 속에 지내는 사모들이 꽤 있다.

문제 있는 부부 사이에서 성장하는 자녀들 역시 많은 고통을 당한다. 부부가 불화한 가정에서 성장한 목회자 자녀들이 교회를 떠나지 않고 건강한 신앙생활을 한다면 그건 기적 중의 기적이다. 말세에 우는 사자와 같이 공격하는 마귀의 궤계를 이기기 위해서는 조심하고 또 조심할 일이다.

#54   하나님이 하셨다

진짜 부자는 부자인 척하지 않는다. 남들이 다 부자인 줄 아는데 일부러 부자인 척할 이유가 없다. 오히려 졸부가 돈 자랑하고 명품 자랑을 한다. 마찬가지로 진짜 잘난 사람은 잘난 척하지 않는다. 잘난 척하지 않아도 다 잘난 줄 아는데 구태여 잘난 척할 이유가 없다. 그래서 진짜 잘난 사람은 겸손하다.

나는 잘나지도 않았으면서 잘난 척하는 나쁜 습관이 있었다. 물론 겉으로 드러나게 잘난 척하지는 않지만 은근한 교만이 내 안에 숨어있었다. 예를 들면, 교회 행사나 일을 끝내면 입으로는 이렇게 고백한다.

"하나님이 하셨습니다."

"하나님께 모든 영광을 돌립니다."

하지만 마음 한구석에는 '그래도 내가 열심히 했지'라는 생각이 저절로 들었다. 주위에서 "수고했다", "잘했다"고 추어주는 말이 귀에 듣기 좋았다. 그런 마음을 가지는 것이 한쪽으로는 불편했지만, 내 의지와 상관없이 자동으로 들어오는 생각을 멈추게 할 수는 없었다.

예수님을 만난 이후 어느 날, 여름 수련회를 가는 중이었다(호주는 한국과 계절이 반대라서 12월에 여름 수련회를 간다). 바다가 있는 곳까지 서너 시간을 이동하기 때문에 대부분 중간 지점에서 점심을 먹고 쉬었다.

잠시 쉬는 사이에 공원 저쪽 편에 물레방아만큼이나 커다란 수레바퀴를 줄로 매어 세워 둔 것이 보였다. 점심도 먹어 시간적 여유도 있는 데다 궁금증이 일어 가까이로 가 보았다. 낡은 수레바퀴 앞에는 이 마을이 생길 때 처음 들어왔던 사람이 탔던 마차의 수레바퀴라는 안내문이 적혀 있었다.

내 키보다 훨씬 큰 수레바퀴로 쇠 굴레만 남아 있었다. 그 둘레는 하얀 자갈들로 장식되어 있었고, 자잘하고 예쁜 꽃들이 자갈 밖으로 심어져 있어 평화로운 느낌이 들었다. 하얀 자갈과 대비되는 커다랗고 낡은 수레바퀴는 어쩌면 고풍마저 느껴졌다. 하얀 돌들 틈에 있는 수레바퀴를 신기하게 올려보는데 불현듯 이런 생각이 스쳤다.

'이 수레바퀴를 세우려고 바닥에 수많은 자갈이 깔린 것처럼, 만일 복음의 수레바퀴를 세우기 위해 자갈이 깔려야 한다면, 나는 맨 밑바닥에 깔려서 보이지 않는 하나의 자갈이라도 정말 감사하겠다.'

평소의 나라면 수레바퀴는 아닐지라도, 하다못해 수레바퀴에 매달린 바퀴살이라도 되어야 만족했을 것이다. 만일 자갈이라면 사람들 눈에 띄는 맨 위에 있어야 한다고 생각했을지도 모른다.

그런데 그날은 주님을 위해서라면 맨 밑에 깔려서 보이지 않아도 좋겠다는 생각이었다. 그것은 내 진심이었다. 그렇게 주님은 잘난 척 하기 쉬운 내 마음의 교만을 조금씩 치유하고 계셨다.

#55   목사는 인기 직종?

아침 신문을 읽다가 흥미로운 기사를 발견했다. 한국고용정보원이 발표한 '2016년 재직자 직업만족도' 조사에서 1위는 판사, 2위는 도선사, 그리고 3위는 목사가 차지했다.

결과가 발표된 후, 목사가 상위에 올랐다는 이유로 SNS에서 논쟁이 벌어졌다. 대형 교회 담임목사들이 억대 연봉을 받으며 정치 세력과 결탁해서 많은 권력을 누리고, 자녀들에게 세습을 통해 부(富)를 전수하고 있다는 부정적인 반응도 나타났다.

목사라는 직업의 위상이 높아진 것을 감사해야 하는지, 등 따시고 배부른 직업으로 분류된 것을 부끄러워해야 하는지, 기사를 읽는 내내 도통 마음이 편치 않았다. 만일 생활고로 목회에 전념하지 못하고,

투잡을 뛰어야 하는 개척 교회 목사님들을 대상으로 설문조사를 했다면 결과가 달라졌을지도 모른다.

목사가 인기 직업 3위에 올랐다는 기사를 보니, 내가 결혼할 당시에, 여대생들이 선호하는 직업에 대한 설문조사가 일간지에 실렸던 생각이 났다. 상위는 의사, 판사, 변호사 등 소위 '사'자가 붙은 직업군이었고, 꼴지는 같은 '사'자가 들어가지만 이발사, 그리고 꼴찌에서 두 번째가 목사였다. 목사는 그만큼 인기가 없는 직업이었다. 그런데 어느새 목사가 인기 직업이 되었다니. 울어야 할지, 웃어야 할지 대략 난감하다.

사회에서 목사는 직업의 하나로 분류된다. 그러나 목사란 단순히 먹고 살기위한 직업이 아니라 사명이어야 한다는 것이 고리타분하다고 느낄 수도 있는 나의 확고한 생각이다.

목회를 '돈을 버는 수단'으로 생각하는 목회자들이 늘어난다면 한국 교회의 앞날은 불을 보듯 뻔-한 일이다. 어리다고 해도 좋을 만큼의 젊은 나이에 목사가 되어서 사람들에게 "목사님!"하며 깍듯한 대접을 받는 것은, 비슷한 연령대의 젊은이들이 사회에서 생존 경쟁을 위해 피땀 흘리며 직장 생활을 하는 현실과 비교해 볼 때 그리 공평해 보이지 않을 수도 있다.

큰 교회가 곧 목사의 능력으로 인식되는 잘못된 가치관 속에서, 헌신과 사명감과 영성을 잃은 젊은이들이 직업적인 목회자로 양산된다면 앞으로 우리나라의 교회는 어떻게 될지 모르겠다.

호주는 목사가 인기 직종(?)이 아니다. 목사가 되려고 해도 고등학교를 졸업하고 바로 신학교에 가지 않는다. 직장을 가지고 사회 경험을 하다가 부르심(calling)을 받고서야 신학교에 간다. 그러다 보니 목회하는 것에 대해 부부간에 의견이 다르면 충돌이 일어난다.

시드니에서 우리가 빌려서 예배드리던 호주 교회 담임목사 사모가 남편이 목회하는 교회에 나오지 않는다는 사실을 알고 나는 엄청난 충격을 받았다. 호주 교회 사모는 본 교회 예배 출석을 하지 않겠다고 선언하더니만 결국 이혼하고 말았다. 그래도 교인들은 '목사의 사적인 일'이라며 크게 문제 삼지 않았다. 그 목사님은 임기를 마칠 때까지 목회를 하고 다른 교회로 옮겼다. 우리나라 같으면 어림 반 푼어치도 없는 일이다.

역시 우리가 장소를 빌려서 예배드리던 캔버라교회에서의 일이다. 주일 예배 시간인데 담임목사님이 청바지를 입은 채 교회 앞마당을 어슬렁거리고 있었다. 깜짝 놀라 "예배 안 드리세요?" 하고 물었다. 목사님은 "어제부터 휴가라서 예배드리지 않아도 됩니다." 하고 아무렇지 않게 대답했다. 교인들 역시 목사님은 휴가 중이니까 예배드리지 않는 것을 당연하게 여겼다.

담임목사가 예배 시간에 교회 밖에서 어슬렁거려도 교인들은 아무도 신경을 쓰지 않았다. 아무리 휴가 중이라고 해도 교인들의 눈에 띄지 않는 다른 곳에 있을 일이지 어쩌자고 교회 옆 사택에 있으면서 예배를 드리지 않는 것인지 놀랄 따름이었다. 이 일 역시 우리나라 같으면 상상도 할 수 없는 일이었다. 문화적 이질감을 크게 느꼈다.

목사와 사모의 역할과 일이 분명히 구분되어 있는 호주에서 남편은 아내에게 사모의 역할을 요구하지 않는다. 교회도 마찬가지다. 대부분이 사모가 자원해서 감당한다. 사모가 원하지 않으면 첫 번째 경우처럼 이혼에 이르기도 한다.

그에 비하면, 우리나라 사모들은 도대체 얼마큼의 희생하고 있는 걸까? 사모뿐 아니라 아이들까지 온 가족이 매달려 목회해야 하는 한국 교회에서 보수도 없이 싫은 소리만 들어야 하는 목사 가족의 희생을 왜 교회는 당연하게 여기고 있는 걸까?

#56 벼랑 끝에서 손을 놓았는데

오래전의 일이다. 고난은 어깨동무를 하고 찾아온다더니만, 얼마나 고난이 밀어닥치는지, 정말 정신을 차릴 수가 없었다. 손톱만큼의 믿음이 있었기에 스스로 죽을 수도 없었고, 그렇다고 살아갈 기력도 없었다.

얼마나 힘들었던지 어느 장례식에 참석했다가 너무 부러워서 눈물을 흘렸던 기억이 난다. 죽을 수 있다는 것이 부러울 만큼, 살아있다는 것은 고통스러웠다. 마치 낭떠러지 끝으로 삐져나온 나뭇가지에 간신히 매달려 있었는데 팔에 점점 힘이 빠지는 것 같은 느낌이었다. 그 느낌이 너무나 실제와 같아서 발끝이 저렸다.

손을 놓으면 그대로 천 길 낭떠러지로 떨어져 죽을 것 같은 공포가

밀려왔다. 나는 떨어지지 않으려고 안간 힘을 다해 매달렸다. 본능적인 몸부림이었다. 차라리 죽기를 원하면서 왜 그리도 살려고 매달렸는지….

팔에 힘이 점점 빠졌다. 아무리 젖 먹던 힘까지 다 짜내도 더 이상은 매달려 있을 수 없다는 절망적인 위기의식이 느껴졌다.

"하나님! 살려 주세요!"

아무리 울며 소리를 질러도 그분은 못 들은 척 침묵하고 계셨다. '하나님이 나를 죽이시려나 보다' 억울하고 서운하고 분한 마음에 눈물은 쉴 새 없이 흘러내렸다. 나는 이렇게 애원하며 그분만을 바라보고 있는데 그분은 하릴없이 다른 곳을 보고 계시는 것 같았다.

"하나님이 나를 버리셨구나…."

그렇게 느낀 순간, 젖 먹던 힘을 다해 매달리고 있던 손에서 힘이 쭉- 빠졌다. 나는 미련 없이 손을 놓아버렸다. 놓으면 죽을 것 같던 사람들과, 환경과, 내가 믿고 의지하던 모든 것을 다 놓아 버렸다. 천 길 낭떠러지로 떨어져 흔적도 없이 사라질 일만 남은 순간이었다.

그런데 참 이상한 일이었다. 공중에 매달려 있던 손을 놓았으니, 분명히 천 길 낭떠러지 아래로 떨어져야 할 텐데, 나는 그대로 대롱대롱 매달려 있었다. 발끝이 저리도록 밑이 까마득하게 내려다보이는 절벽 위에서 나는 영문도 모른 채 그렇게 매달려 있었다.

문득 정신이 들었다. 정신을 차려보니 놓아버린 내 손을 그분이 잡고 계셨다. 아주 강하게 붙들고 계셨다.

그때 내가 손을 놓지 않았다면, 그분이 내 손을 잡고 계신 것을 알지 못했을 것이다. 그분이 나의 삶을 인도하고 계신 것도 알 수 없었을 것이다. 내가 손을 놓으면 절벽 아래로 떨어지는 것으로 착각하며 안 떨어지려고 기를 쓰며 평생 매달려 있었을지도 모른다.

그 경험 이후, 나는 하나님에 대한 절대 신뢰를 가지게 되었다. 하나님은 나를 결코 버리지 않는 분이라는 확신도 가지게 되었다. 때로 내가 놓으면 죽을 것 같은 바로 '그것'을 놓으라고 하시는 것은, 나를 죽이시려는 것이 아니라, 고통이나 시련처럼 보이는 환경을 통해서 하나님보다 더 중요한 것이 생기지 않도록 하시려는 사랑의 배려인 것도 알게 되었다.

많은 나라에 자원 선교사를 보내는 예수전도단의 리더인 로렌 커닝햄이 지은 『벼랑 끝에 서는 용기』라는 책에 이런 내용이 있다.

하나님이 당신에게 나뭇가지 끝으로 나아가라고 하십니다. 나뭇가지 끝으로 갔을 때 '위이잉~'하는 소리가 들려 뒤돌아보니, 사탄이 전기톱으로 당신이 서 있는 나뭇가지를 잘라냅니다. (중략) 성경이 말하는 믿음은, 가지 끝에 서서 톱질하던 사탄이 마침내 나무와 함께 쓰러지는 것을 지켜보는 것입니다. 하지만 당신은 여전히 나뭇가지 위에 선 채로 공중에 있습니다. 그것이 믿음입니다. '나무'나 '나뭇가지'를 믿는 것이 아니라 '하나님의 말씀'과 그 말씀을 '지키실 분'을 믿는 것입니다.

_로렌 커닝햄, 『벼랑 끝에 서는 용기(Daring to live on the edge)』 중에서

삶의 벼랑 끝에서 구원의 손길은 보이지 않고, 날카로운 전기톱 소리만 귀를 울리는데 하나님의 기적을 믿을 수 있을까? 까마득한 절벽 아래로 떨어져 당장 죽을 것 같은 공포가 엄습하는데 하나님의 인도하심을 신뢰할 수 있을까?

언제쯤 되어야 나를 지탱하는 환경인 눈에 보이는 나무나 나뭇가지가 아니라, 보이지 않는 하나님의 말씀과 그 말씀을 지키실 분을 믿게 될까? 언제쯤 되어야 나는 이런 믿음이 생길까?

#57   제발 좀 삐지지 말자

교회 안에는 교인들만 사용하는 특이한 용어들이 있다. 사회에서는 사용하지 않는 말이다. 교회에 처음 나온 사람들은 그 말뜻을 잘 모른다. 그래서 예배 의식보다도 이해가 되지 않는 용어 때문에 교회의 분위기를 낯설어 한다.

나는 교회에서 사용하는 많은 용어들 중에서 다음 두 가지는 별로 좋아하지 않는다. 하나는 '은혜로 합시다'라는 말이고, 다른 하나는 '시험에 들었다'라는 말이다.

은혜로 하자는 말은 본래 정말 좋은 말이다. 주의 일을 할 때는 은혜로 해야 하는 것이 당연히 맞다. 그런데 어찌된 일인지 요즈음은 '까다롭게 굴지 말고 대강대강 넘어갑시다', '좋은 게 좋은 거지', '너무 따지지 말라'는 의미로 변질(?)된 것 같이 보인다.

은혜로 하려면 사탄이 역사하지 못하도록 모든 계획과 행사와 행정을 더 철저히 점검해야 한다. 엄청난 하나님의 은혜를 자신의 실수를 막을 용도나 대강 넘어가려는 용도로 사용하면 안 된다. 변질된 의미의 은혜로 하자는 말은 두루뭉술하게 넘어가려는 것 같아서 그다지 좋게 들리지 않는다.

성도가 시험에 들었다고 하면 목회자는 가슴부터 덜컹 떨어진다. 시험에 든 성도는 대부분이 교회를 떠나게 되어 있고, 교회를 떠날 때는 혼자 조용히 떠나지는 않는다는 것을 경험으로 알기 때문이다. 모두 다 그런 것은 아니지만, 대부분의 경우는 삐졌을 때 시험에 들었다는 말을 사용한다. 무언가 마음에 안 들어서 삐졌다는 말과 같은 표현이다. 그런데 시험에 들었다고 하면 뭔가 교회가 신앙적으로 문제가 있는 것처럼 느껴진다. 믿음의 문제로 상처를 받은 것처럼 보인다. 그러나 삐진 것은 그냥 삐진 것이다.

분명 주님이 가르쳐 주신 기도문에는 '시험에 들지 말게 하시고(Do not enter temptation)'라고 되어 있다. 시험은 누가 가져다주는 것이 아니라 내가 스스로 들어가는 것이다.

그래서 우리의 주인이신 예수님은 우리에게 '시험에 들어가지 않도록 기도하라'고 가르치셨는데, 내가 스스로 시험에 들어가고는 부끄러움도 없이 시험에 들었다는 말을 사용하는 것은 그다지 신앙적인 표현은 아닌 것 같다. 그래서 나는 시험에 들었다는 기독교 용어를 별로 좋아하지 않는다.

우리는 육신을 가지고 살아가는 사람이라서 넘어질 수 있다. 연약하다 보니 스스로 시험에 들어갈 수도 있다. 그러나 나도 모르게 시험에 들어갔다고 느끼면 얼른 빠져나오기 위해 기도해야 한다. 그 안에서 뭉개면서 '나 삐진 거 알아? 몰라?' 하고 시위하면 안 된다. 문제는 초신자만 삐지는 것이 아니라 교회 안의 직분자들도 삐진다는 사실이다.

교회 안에서 중직자가 삐져서는 곤란하다. 특히, 삐진 사람을 권면하고 지도해야 할 권사 이상의 직분자는 더더욱 그렇다. 중직자라고 왜 서운한 일이 없고 삐질 일이 없을까? 그러나 삐질 일이 생기면 엎드려 기도해야 한다. 기도로 해결하고 스스로 일어서야 한다. 교회 안의 중직자는 삐지지 않을 책임과 의무가 있다. 제발 삐지지 말자. 삐지면 마귀가 손뼉을 치며 좋아한다.

#58 　　　　　　　　사기도 당해 보고

목회를 하면서 참 여러 가지 경험을 했다. 그중에서도 아직도 이해되지 않는 경험은 사기를 당한 일이다. 그것도 개척 교회를 하면서 교회 건축을 하느라고 정말 고생을 많이 하던 때 사기를 당했다.

가정집을 교회로 삼아 개척을 하면서 사명으로 알고 교회 건축을 시작했지만 생각보다 더 어려웠다. 교인들 자체가 교회 건축에 큰 부분을 감당할 만큼 경제력이 있는 사람이 없었고, 대부분이 하루하루

근근이 살아가는 교인들이었다. 그렇게 아무 준비도 안 된 상태에서 건축을 시작했으니 하루하루가 롤러코스터를 타듯 한 치 앞도 예상할 수 없는 스릴 만점인 시간들이었다.

전세금을 빼서 시내와는 떨어진 외진 곳에 땅을 사고, 기초를 위해 땅을 파 놓았는데 그 이상은 대책이 없었다. 우리는 거의 매일 저녁, 모여서 기도를 했다. 아마 뾰족한 수가 있었다면 기도하지 않았을지도 모르지만 방법이 없기에 기도할 수밖에 없었다.

교인이 말했다. 자기가 꿈을 꾸었는데 돼지꿈이라고 했다. 복권을 사면 당첨이 될 것 같다고 했다. 오늘이 지나면 효력이 없어진다고도 했다. 자기가 복권을 사면 안 되고 꼭 전도사님이(그때는 목사 안수 받기 전이었다) 사야 한다고 했다.

평소 새벽 기도회에 한 번도 빠지지 않고 열심히 기도하는 교인이었다. 아침부터 와서 자꾸 권하는데 그 말을 무시할 수도 없고 은근한 기대도 있어서 복권을 샀다. 그러나 결과는 꽝이었다.

"진짜 돼지꿈이었는데 참 이상하다."

교인은 머리를 갸웃거렸다. 돈 나올 구멍을 없고 워낙 답답하다 보니, 기도를 하면서도 복권을 몇 번인가 더 샀다. 그러나 야속하게도 단 한 장도, 꼴찌로도 당첨되지 않았다.

나는 하나님이 주의 일을 하시는데 로또와 같은 방법은 사용하시지 않는다는 걸 절감했다. 그 후로 다시는 로또나 행운권 같은 것에 기대를 걸지 않았고, 물론 다시 복권을 사지도 않았다.

다음 방법은 크리스천 신문에 광고를 내는 것이었다. 크리스천 신문 한 면에는 무료 광고란이 있었다. 남편은 우리 교회가 이러이러한 개척 교회이고, 이렇게 건축을 하고 있으며, 이런 계획이 있는데 재정이 없어서 어려움이 있다. 어느 건축 회사든 일단 건축을 해 주면 앞으로 몇 년 안에 나누어서 갚겠다고 광고를 냈다. 사회가 요즈음보다 순진(?)하던 때의 일이다.

며칠이 지났다. 교회 전화로 연락이 왔다. 크리스천 신문에 실린 광고를 보고 연락한다며 교회로 찾아오고 싶다고 했다. 우리는 '하나님의 응답인가 보다'고 흥분해서 교인들에게 교회 건축 터로 모이라고 연락을 했다. 교인들 역시 광고 내용도 알고 그 것을 위해 열심히 기도하고 있던 터라 소식을 듣고 흥분해서 달려왔다.

조금 있으니까 H건설 작업복을 입은 30대 초반의 남자가 왔다. 자기는 H건설에서 일하고 있고, 자기 아버지는 C교회의 재정부 담당 장로로 성전 건축을 맡아서 짓고 있다고 했다. C교회는 당시에 100억 교회 건축으로 엄청난 화제를 몰고 있던 교회였다.

남자는 자기 아버지가 크리스천 신문을 보다가 우연히 광고를 보고 개척 교회에서 열심히 건축하려는 것에 감동이 되어 알아보라고 해서 왔다고 했다. 아버지가 어려운 개척 교회를 도와서 교회를 많이 지었고, 개척 교회에 관심이 많다고도 했다.

때마침 수요일이었다. 남자는 함께 수요 기도회를 드렸다. 예배를 드릴 때 찬양도 잘하고 무릎 꿇고 기도도 열심히 했다. 오래도록 신앙 생활을 해 온 모습이었다.

오후에 땅을 둘러보고 자기도 감동을 받았다며 건축의 일부분을 헌신하겠다고도 했다. 우리는 마치 물에 빠진 사람이 지푸라기라도 잡는 심정으로 남자를 쳐다보았다. 그동안 교회 건축을 위해 밤을 지새우며 금식하고 기도했으니 하나님의 기도 응답이라고도 생각했다.

남자는 자기가 바빠서 오래 있을 수는 없고 이튿날 같이 서울에 올라가서 자기 아버지를 만나자고 했다. 우리는 남자에게 식사 대접을 하고 하루 저녁 근처 모텔에서 숙박할 수 있게 편의를 제공했다.

지금 같으면 휴대폰이 일상화되어 있으니 C교회에 전화를 해서 확인해 볼 수도 있었겠지만, 그때는 휴대폰은 특수한 사람들만 가지고 있었고, 교회 건축과 연관된 것이라 하나님의 '기도 응답'이라 여기고 의심 없이 곧이곧대로 믿었다.

남편은 아침 일찍 남자와 함께 서울로 올라갔다. 남은 우리 교인들은 곧 교회가 지어질 것 같은 희망에 부풀어 하루 종일 들떠 있었다. 그런데 그날 밤늦게 남편이 혼자서 터덜터덜 내려왔다. 이야기인 즉, 버스 터미널에 도착했는데 남자가 아버지 사무실이 여기서 멀지 않다면서 아버지가 통닭을 좋아하니 두 마리만 사가지고 가면 좋겠다고 해서 지하상가에서 통닭 두 마리를 사 손에 들려주었다고 한다.

남자는 아버지가 워낙 바쁘시니 사무실에 계신지 확인하고 올 테니 잠깐만 기다리라고 하고는 계단을 올라갔다. 그리고 다시는 돌아오지 않았던 것이다. 한 시간 이상 기다려도 남자가 오지 않자 그제야 이상한 낌새를 느끼고 C교회에 전화를 해 보니 그런 장로님은 있지만 그런 아들은 없다는 것이었다. 사기를 당한 것이다.

나는 아직도 궁금하다. 남자는 겨우 두 끼 식사 대접을 받고, 하룻밤 숙박을 하고, 통닭 두 마리를 사기 치려고 고속버스를 타고 서울에서 5시간도 더 걸리는 그 멀리까지 내려왔나? 그는 무엇 때문에 별로 얻을 것도 없는 그런 사기를 쳤을까? 하나님께서 너무나 경험이 없고 철도 없던 우리를 훈련시키신 것이 아니었을까?

그 경험을 통해 신앙인들이 흔히 빠지기 쉬운 함정으로 '하나님의 응답'이라고 착각할 수 있는 일들이 우리 주변에 너무나 많다는 것을 경험했다. 특히 당장 해결해야 하는 경제적인 문제 때문에 다급해서 매달리다 보면 도움의 손길이라고 느낄 때 하나님의 응답이라고 덥석 물 수 있다는 것을 알았다. 그것이 미끼가 되어 더 큰 손실을 가지고 올 수 있다는 것도 깨달았다. 아주 특별한 경우가 아니고는 하나님은 질서를 통해 상식적인 방법으로 응답하신다는 것도 알았다.

사기를 당하고 나서 교인들과 이런저런 이야기를 나누는데 어떤 교인이 말했다.

"그 남자 앞니 하나가 부러졌던데 그렇게 부자라면서 왜 이를 해 넣지 않았을까요?"

"이가 부러졌었어요?"

"네."

"그럼 진작 말하시지 그랬어요?"

"나는 다 아시는 줄 알고…."

참 신기하게도 나는 남자의 엉성함이 하나도 보이지 않았다. 기도 응답이라는 생각이 머릿속에 꽉 차 있다 보니 부정적인 것들은 보이지 않았던 것 같다. 그래서 사람들이 뻔한 데도 사기를 당하는 것 같았다.

신앙인은 하나님의 기적 같은 응답을 믿고 기도한다는 것을 알고, 그 연약함을 이용해서 사기를 치는 사람들이 많다는 것을 알게 하시려고 사기를 당하게 하셨던 걸까? 그것이 알고 싶다.

#59   Well-dying을 준비해야

병원 심방을 다녀올 때, 특히 중환자실을 다녀올 때면 언제나 만감이 교차한다. 길든 짧든 잘났든 못났든 한 사람의 인생이 마지막 가는 길은 누구에게나 소중하고 고귀한 일이다. 하지만 시간이 지난다고 병이 낫는 것도 아닌데 의식을 잃은 채 갖가지 줄을 주렁주렁 매달고 환자가 하루하루 생명을 부지하는 것이 무슨 의미가 있을까 하는 생각이 들면 마음이 착잡해진다.

의료적인 치료 방법에 의해 숨은 쉬고 있지만 서서히 죽어간다는 것은 누구나 알고 있다. 회복은 기대조차 어려운 일이다. 물론 수십만 분의 일의 확률로 의식을 회복하고 일어나는 경우도 있지만 그건 거의 기적에 가까운 극히 드문 일이다.

그 확률도 젊고 건강하던 사람에게 해당되는 일이지 사실상 노년들에게는 거의 해당되지 않는다. 나이 먹고 병들어 중환자실로 옮겨

져 주렁주렁 호스를 달기 시작하고 의식이 없어지면 그 병실을 걸어서 나오는 기적은 일어나지 않는다고 보는 것이 맞다. 어쩌면 환자 본인의 의지보다 사랑하는 가족들의 아쉬움 때문에 떠나보내지 못하고 붙잡고 있지만, 살아있다고 말하기는 어려운 삶이다.

이 세상에 태어난 순간부터 사람들은 잘 살아 보려고 아득바득 애를 쓴다. 한번뿐인 삶이라는 것도 알고, 인생은 연습할 수 없다는 것도 알고, 사람은 언젠가 죽는다는 사실도 이론적으로는 너무 잘 안다.

하지만 그 일의 주인공이 '내'가 될 수도 있다는 것을 인식하기에는 현재의 '삶'이 너무 바쁘다. 해야 할 일도 많고, 아쉬운 일도 많고, 가져야 할 것도 많다. 어쩌면 잘 살자는 웰 빙(Well being)보다 오히려 잘 죽자는 웰 다잉(Well dying)이 더 중요할 텐데 웰 다잉에 대해서는 생각하지도 준비하지도 않는다.

Well-dying을 준비하는 것은 꼭 나이든 사람에게만 해당되는 것이 아니다. 세상에 올 때는 순서가 있지만, 갈 때는 순서가 없다는 말대로 우리 모두에게 필요한 준비인 것 같다. 그런 의미에서 '종말론적인 믿음'은 매 순간 자신을 돌아보고 준비하게 하는 소중한 시간인지도 모르겠다.

내가 생각하는 종말론적인 믿음은 언제 주님이 부르셔도 아쉬움 없이 달려갈 수 있는 준비를 말한다. 내 인생의 종말을 준비하는 것이다. 죽음이라는 말이 터부시되고 죽음에 대한 준비를 하지 못하도록 현재가 정신없이 바쁘게 만드는 것은 어쩌면 사탄의 전략인지도 모르겠다.

언제부턴가 병원 중환자실에서 임종을 맞는 사람들이 늘어나기 시작했다. 60세가 넘으면서 개인적으로 느끼는 것은 60세가 넘으면 덤으로 사는 삶이라는 것이다. 요즈음은 백세시대라서 60대는 청춘이라는데 조금 이른 감이 있기는 하다.

하지만 뜻을 펴 보기도 전에 가야 하는 아기들이나 청년들을 생각하면 아쉽지 않을 만큼은 살았다는 생각도 든다. 나는 오래전부터 어떤 상황에도 연명치료는 하지 않기로 결심했다. 그리고 '만약에 내가 시한부 판정을 받는다면 어떻게 할까?'를 생각해 왔다.

가능하다면 병원에서 임종을 맞고 싶지 않다. 내가 직접 결정할 수 있다면 일체의 연명 치료를 거부할 것이다. 내가 살던 곳에서 자연스레 하나님의 품으로 돌아가는 것이 마지막 기도 제목이고 내가 가진 마지막 꿈(?)이다.

#60 　　　　　찬양은 노래가 아니다

오랜만에 한국에 돌아오니 모든 것이 180도로 바뀌어 있었다. 교회가 엄청나게 발전했고 그 규모가 어마어마했다. 문제는 한국을 떠나 오래 살다보니 변화하고 발전하는 와중에 변질된 부분들이 눈에 보인다는 것이었다.

한순간에 변화된 것이 아니라 서서히 오랜 시간에 걸쳐 변화하며 변질된 것이기 때문에 한국에 계속 있으면 변화나 변질을 의식하지 못할 것 같았다. 그 중에서도 찬양의 변화는 놀라웠다.

찬양하는 순간 이미 예배는 시작된 것인데 가끔씩 찬양이 예배를 준비하기 위한 시간 정도로 사용되는 것을 느끼며 많이 안타까웠다. 또한 일부 찬양사역자들은 마치 대중가수, 아이돌과 같이 찬양이 아닌 노래를 하고 있었다. 비싸고 전문적인 마이크 시스템을 구비했고 훌륭한 악기들과 찬양은 아름다웠지만 그 찬양에는 영적인 힘이 없었다. 어떤 경우는 너무 시끄러워서 찬양에 집중할 수도 없었다. 언제부터 우리 찬양이 이렇게 달라졌을까?

찬양은 인간만이 할 수 있다. 찬양받으실 대상인 하나님께 온 마음과 영혼을 다해 올려드리는 것이 찬양이다. 찬양은 노래가 아니다.

찬양은 노래가 아닙니다

찬양은 노래가 아닙니다.

날 구원하신 그분께 올려드리는

찬양하는 순간 이미 예배는 시작된 것인데 가끔씩 찬양이 예배를 준비하기 위한 시간 정도로 사용되는 것을 느끼며 많이 안타까웠다.

가슴 절절한 사랑입니다.

찬양은 노래가 아닙니다.
불 뱀과 전갈이 우글거리는 광야에서 지키신
그 분을 향한 눈물어린 감사입니다.

찬양은 노래가 아닙니다.
마지막 호흡 순간에 그 분께 드리고 싶은
피 맺힌 신앙고백입니다.

그런데
우리는 자꾸 노래하려 하네요.
찬양을 노래처럼 잘하려고 하네요.

받으실 대상인 하나님은 뒤로 한 채,
부르는 우리와
듣는 저들만 의식하네요.

찬양은 노래가 아닙니다.
비록 벙어리라도
온 영혼을 다해 입을 벙긋거리는 것을 기뻐하실
하나님께 드리는 최고의 기도입니다.

찬양은 노래가 아닙니다.

찬양은 찬양입니다.

*한국의 찬양이 너무 유행처럼 지나가고 세속화되어가는 것을 안타까워하면서.

#61   네가 그렇게 기도했잖아?

정동교회에서 열린 서울연회에서 15명의 목사님들이 은퇴를 했다. 8명은 정년 은퇴였고, 6명이 자원 은퇴, 그리고 한 분은 병환으로 일찍 은퇴하셨다. 의외로 자원 은퇴가 많아서 외롭지(?) 않았다.

교회 문제로 정신이 없을 때는 은퇴식이고 뭐고 관심이 없었다. 참석하지 않아도 행정상 은퇴가 되니까 꼭 참석해야 할 이유도 없었고, 참석하고 싶지도 않았다. 그런데 갑자기 '왜 참석을 안 해야 하지?' 하는 생각이 들었다. 나름대로 최선을 다해 40년 성역을 마쳤다. 죄 지은 것도 없고 잘못한 것도 없는데 죄인처럼 움츠러들 필요가 없었다. 어떤 모임이든 피할 이유가 없다는 생각이 들었다.

막상 은퇴식 날이 되자, 나는 정말 행복했다. 날개가 있다면 훨훨 날아갈 것 같았다. 우리의 사정을 아는 사람들은 "뭐가 저리 좋을까?"라고 했을 것이다. "좋은 척하는 거 아니야?"라고 생각했을지도 모르겠다. 그런데 참 이상한 일이었다. 좋은 척한 것이 아니라 정말로 좋아서 웃음이 저절로 새어 나왔다.

은퇴식을 기다리는 20여 일 동안 나는 옷을 사고(교회 일을 겪느라 살이 빠져서 옷이 한 치수 반이나 줄어버렸다), 파마를 했으며, 심지어 팩을 하고 난생처음 네일 아트도 받아 보았다. 날을 잡아 놓은 새색시처럼 차근차근 준비를 했다.

처음에는 사람들에게 초라하게 보이고 싶지 않아서 시작한 준비였다. 이왕이면 구질구질하고 초췌해 보이지 않고 젊고 예쁘게 보이고 싶었다. 그런데 신기하게도 준비를 하는 동안 정말 기쁘고 행복한 마음이 들기 시작했다. 나는 좋은 날을 기다리는 사람처럼 가슴 설레며 준비를 했다. 그리고 그날 나는 정말 행복했다.

은퇴 후, 하나님은 뜻밖의 보너스를 주셨다. 한 치 앞도 알 수 없이 캄캄한 우리의 어려운 경제 사정을 채워 주신 것이다. 우리가 받은 '보너스'의 소식을 듣고 의외로 많은 사람이 위로를 받았다. 경제적인 어려움을 겪으면서 힘들게 목회를 하고 있는 사모님들이 "하나님이 이런 방법으로도 역사하시는구나!" 하면서 소망을 얻었다고도 했다. 하나님은 정말 일석이조, 일석삼조, 일석백조의 하나님이시다.

나는 또 질문을 던졌다.

"하나님! 보너스도 좋지만, 우리를 왜 이렇게 은퇴하게 하셨나요?"

그런데 갑자기 '네가 그렇게 기도했잖아?'라는 깨달음이 있었다. 생각해 보니 지난 몇 년 동안 내 기도 제목의 1순위는 '빨리 은퇴하게 해 달라'는 것이었다. 기도 응답이었다. 내가 그렇게 기도한 것이 맞으니 할 말이 없었다.

나는 다시 물었다.

"저는 명예롭고 은혜롭고 행복한 은퇴를 위해 기도했었는데요?"

왜 그런 기도를 계속 했었는지 모른다. 교인들의 특성을 잘 알다 보니 아마도 명예롭고 은혜롭고 행복하지 못하게 은퇴할 지도 모른다는 생각을 이미 했었는지도 모르겠다.

"그렇게 하지 않았으면 일찍 은퇴했겠냐?"

생각해 보니 그 말씀도 맞았다. 그렇지 않았다면 2-3년은 일찍 은퇴했겠지만 이렇게 빨리 은퇴하지는 않았을지도 모른다. 바로의 마음을 강퍅하게 해서 이스라엘을 출애굽 시키셨던 것처럼, 우리를 일찍 은퇴시키기 위해 저들의 마음을 강퍅하게 하신건가? 아니면 이렇게 빨리 은퇴했어야 하는 다른 이유가 있었을까? 시간이 지나면 그건 더 명확하게 알게 될 것이다.

"그래도 명예롭고 은혜롭고 행복하게 은퇴하게 해 달라고 기도했는데…."

나는 투덜거렸다. 그런데 갑자기 은퇴식 때 내가 얼마나 행복했었는지가 생각났다. 마치 날아갈 것 같이 기뻤던 일이 어제 일처럼 생생하게 떠올랐다. 은퇴 이후로 나는 꽁꽁 묶였던 날개가 풀린 새처럼 자유와 평안을 누리며 훨훨 날아다니고 있다.

혹자는 약자의 변명이라고 할지도 모른다. 은퇴하면 처음에는 누구나 다 편하지만 그 평안은 오래 가지 못한다고 할지도 모른다. 그래도 상관없다. 내가 누리고 있는 평안과 기쁨은 누구도 알 수 없을 테니까.

그동안 겪은 일을 생각하면 우울증이나 화병에 걸리고도 남을 일이었는데 어느새 다 잊어버리고(잊어버리려고 노력하면서) 아무 일도 없었던 것처럼 살다 보니, 오히려 이전보다 더 좋아 보인다는 인사말도 종종 듣는다. 만일 몇 년 더 목회 현장에 있었더라면 울화를 못 이기고 지병인 혈압으로 쓰러져 회복이 어려웠을지도 모른다.

이제 생각하니, '명예롭다'는 것은 사실 나와는 상관이 없는 말이었다. '명예'나 '은혜'라는 명분으로 가려졌지만 결국 나를 높이자는 말이고, 문제없이 평안하게 은퇴하고 싶다는 말이었으니 '종'에게는 분명어울리지 않는 말이었다. 정말 '종 놈'이라면 말이다.

그 크신 은혜, 하나님의 은혜

호주 목회를 마치고 다시 한국 목회의 부르심을 놓고 기도할 때였다. 말도 많고 탈도 많았던 이민 목회 현장이었으나 그만큼 기도와 눈물로 감사했고, 영적 성장의 스토리가 넘쳤다.

나는 하나님의 뜻을 헤아릴 수 없었는데, 한국에 도착한 지 얼마 지나지 않아 놀라운 발견을 하게 되었다. 무엇보다 남편의 건강검진 결과였다. 대장에 암으로 발전될 가능성이 높은 선종이 여러 개 있었던 것이다. 딸아이의 경우 대장암 3기였으나 기적적으로 회복될 수 있었다.

하나님, 고맙습니다! 목회 현장이 안정되고 교회가 편안해지고 있는데, 왜 한국에 돌아올 마음을 주셨는지 비로소 깨닫는 시간이었다. 그 뜻을 알지 못한 채 무조건 순종하고 돌아온 이곳에서 두 목숨이 살아났다.

우리는 한국을 떠나고 돌아오기까지 20여 년의 변화된 목회 상황을 전혀 알지 못한 채 호주에서 출발했다. 이민 목회자에게 한국은 또 다른 새 사역지였던 셈이다. 우리가 청빙 요청을 받았다고 하지만 이미 그 교회는 감독 파송 담임목사가 정해진 터였다.

그러나 하나님께서는 1년 반의 S교회 목회를 거치고 나서 결국 처음 청빙 교회인 북성교회에서 담임 목회를 하게 하셨다. 갖가지 분쟁을 겪어 상처가 많은 교회라고들 하지만 우리에게는 행복한 목회였다고 고백할 수 있다.

그다지 길지도 짧지도 않은 삶을 살아오는 동안 참 드라마틱하고 다이나믹한 여정이었다. 인생을 전반기, 중반기, 후반기로 나눈다면, 전반기는 부모님의 따뜻한 보호 아래 그다지 고생을 모르고 사랑스러운 시절을 보내고, 중반기는 거센 파도와 맞서서 온몸으로 막아내며 예상치 못한 일들과 싸우느라 좌충우돌하던 시기였다. 최선을 다했으리라.

잠시 지난 날을 되돌아보면 후회나 아쉬움보다는 감사한 마음이 크다. 삶에 자잘한 욕망에 큰 미련을 가지지 않게 하신 것도 돌아보면 그 크신 하나님의 은혜였다. 이제 인생의 후반기를 맞이하면서 몹시 아프게 했던 일들마저 아련한 추억이 되고 이야기가 되어 우리 곁으로 다가온다.

지난 삶을 단어 하나로 요약하면 뭐가 좋을까? 여러 가지이겠지만, 나는 '은혜'라는 단어를 선택하고 싶다. 특히 하나님의 절대적인 은혜가 아니었으면 사모의 자리에서 어찌 오늘을 고백할 수 있을까? 나처럼, 나보다 더 치열하게 살며 사랑하며, 기도하면서 사명을 감당하는 후배 사모들에게 이렇게 고백하고 마무리 하려 한다.

"모든 것이 하나님의 은혜입니다!"

"하나님 감사합니다!"